Caro aluno, seja bem-vindo à sua plataforma do conhecimento!

A partir de agora, você tem à sua disposição uma plataforma que reúne, em um só lugar, recursos educacionais digitais que complementam os livros impressos e são desenvolvidos especialmente para auxiliar você em seus estudos. Veja como é fácil e rápido acessar os recursos deste projeto.

1. Faça a ativação dos códigos dos seus livros.

Se você NÃO tiver cadastro na plataforma:
- Para acessar os recursos digitais, você precisa estar cadastrado na plataforma educamos.sm. Em seu computador, acesse o endereço <br.educamos.sm>.
- No canto superior direito, clique em "**Primeiro acesso? Clique aqui**". Para iniciar o cadastro, insira o código indicado abaixo.
- Depois de incluir todos os códigos, clique em "**Registrar-se**" e, em seguida, preencha o formulário para concluir esta etapa.

Se você JÁ fez cadastro na plataforma:
- Em seu computador, acesse a plataforma e faça o *login* no canto superior direito.
- Em seguida, você visualizará os livros que já estão ativados em seu perfil. Clique no botão "**Adicionar livro**" e insira o código abaixo.

Este é o seu código de ativação! → D447C-9FMBR-PE96P

2. Acesse os recursos.

Usando um computador

Acesse o endereço <br.educamos.sm> e faça o *login* no canto superior direito. Nessa página, você visualizará todos os seus livros cadastrados. Para acessar o livro desejado, basta clicar na sua capa.

Usando um dispositivo móvel

Instale o aplicativo **educamos.sm**, que está disponível gratuitamente na loja de aplicativos do dispositivo. Utilize o mesmo *login* e a mesma senha da plataforma para acessar o aplicativo.

Importante! Não se esqueça de sempre cadastrar seus livros da SM em seu perfil. Assim, você garante a visualização dos seus conteúdos, seja no computador, seja no dispositivo móvel. Em caso de dúvida, entre em contato com nosso canal de atendimento pelo **telefone 0800 72 54876** ou pelo **e-mail** atendimento@grupo-sm.com.

13432

Aprender juntos

4
4º ano

HISTÓRIA
ENSINO FUNDAMENTAL

MÔNICA LUNGOV
- Bacharela e licenciada em História pela Faculdade de Filosofia, Letras e Ciências Humanas (FFLCH) da Universidade de São Paulo (USP).
- Consultora pedagógica e professora de História no Ensino Fundamental e no Ensino Médio.

RAQUEL DOS SANTOS FUNARI
- Licenciada em História pela Faculdade de Filosofia, Ciências e Letras de Belo Horizonte.
- Mestra e doutora em História pelo Instituto de Filosofia e Ciências Humanas da Universidade Estadual de Campinas (Unicamp).
- Pesquisadora-colaboradora do Departamento de História do Instituto de Filosofia e Ciências Humanas da Unicamp.
- Professora de História e supervisora de área no Ensino Fundamental e no Ensino Médio.

ORGANIZADORA: EDIÇÕES SM
Obra coletiva concebida, desenvolvida e produzida por Edições SM.

São Paulo, 6ª edição, 2017

Aprender Juntos **História 4**
© Edições SM Ltda.
Todos os direitos reservados

Direção editorial M. Esther Nejm
Gerência editorial Cláudia Carvalho Neves
Gerência de *design* e produção André Monteiro
Edição executiva Robson Rocha
Edição: Isis Ridão Teixeira, Pamela Goya, Valéria Vaz, Vanessa do Amaral
Colaboração técnico-pedagógica: Bianca Zucchi, Rafaela Lunardi
Suporte editorial Alzira Bertholim, Fernanda Fortunato, Giselle Marangon, Talita Vieira, Silvana Siqueira
Coordenação de preparação e revisão Cláudia Rodrigues do Espírito Santo
Preparação e revisão: Ana Paula Ribeiro Migiyama, Maria de Fátima Cavallaro, Taciana Vaz, Vera Lúcia Rocha
Apoio de equipe: Beatriz Nascimento, Camila Durães Torres
Coordenação de *design* Gilciane Munhoz
***Design*:** Tiago Stéfano
Coordenação de arte Ulisses Pires, Juliano de Arruda Fernandes, Melissa Steiner Rocha Antunes
Edição de arte: Bruna Fava, Eduardo Sokei, Camila Ferreira Leite, Danilo Conti
Coordenação de iconografia Josiane Laurentino
Pesquisa iconográfica: Thaisi Lima
Tratamento de imagem: Marcelo Casaro
Capa João Brito, Gilciane Munhoz
Ilustração da capa: A mascoteria
Projeto gráfico Estúdio Insólito
Editoração eletrônica Tarumã Editoração Gráfica, Estúdio Anexo
Ilustrações Alex Rodrigues, Bruna Ishihara, Carlos Caminha, Duo Dinâmico, Marcelo Gagliano, Tael Gomes, Robson Araújo
Cartografia Allmaps, João Miguel A. Moreira
Pré-impressão Américo Jesus
Fabricação Alexander Maeda
Impressão BMF Gráfica e Editora

Dados Internacionais de Catalogação na Publicação (CIP)
(Câmara Brasileira do Livro, SP, Brasil)

Funari, Raquel dos Santos
  Aprender juntos história, 4º ano : ensino fundamental / Raquel dos Santos Funari, Mônica Lungov ; organizadora Edições SM, obra coletiva concebida, desenvolvida e produzida por Edições SM ; editor responsável Robson Rocha. — 6. ed. — São Paulo : Edições SM, 2017. — (Aprender juntos)

  Suplementado pelo manual do professor.
  Bibliografia.
  ISBN 978-85-418-1925-1 (aluno)
  ISBN 978-85-418-1926-8 (professor)

  1. História (Ensino fundamental) I. Lungov, Mônica. II. Rocha, Robson. III. Título. IV. Série.

17-10749   CDD-372.89

Índices para catálogo sistemático:
1. História : Ensino fundamental 372.89

6ª edição, 2017
2ª impressão, Janeiro 2019

Edições SM Ltda.
Rua Tenente Lycurgo Lopes da Cruz, 55
Água Branca 05036-120 São Paulo SP Brasil
Tel. 11 2111-7400
edicoessm@grupo-sm.com
www.edicoessm.com.br

Apresentação

Caro aluno,

Este livro foi cuidadosamente pensado para ajudá-lo a construir uma aprendizagem sólida e cheia de significados que lhe sejam úteis não somente hoje, mas também no futuro. Nele, você vai encontrar estímulos para criar, expressar ideias e pensamentos, refletir sobre o que aprende, trocar experiências e conhecimentos.

Os temas, os textos, as imagens e as atividades propostos neste livro oferecem oportunidades para que você se desenvolva como estudante e como cidadão, cultivando valores universais como responsabilidade, respeito, solidariedade, liberdade e justiça.

Acreditamos que é por meio de atitudes positivas e construtivas que se conquistam autonomia e capacidade para tomar decisões acertadas, resolver problemas e superar conflitos.

Esperamos que este material didático contribua para o seu desenvolvimento e para a sua formação.

Bons estudos!

Equipe editorial

Conheça seu livro

Conhecer seu livro didático vai ajudar você a aproveitar melhor as oportunidades de aprendizagem que ele oferece.

Este volume contém doze capítulos. Veja como cada capítulo está organizado.

Abertura de capítulo

Essa página marca o início de um capítulo. Textos, tabelas, imagens variadas e atividades vão fazer você pensar e conversar sobre os temas que serão desenvolvidos ao longo do capítulo.

Desenvolvimento do assunto

Os textos, as imagens e as atividades destas páginas permitirão que você compreenda o conteúdo que está sendo apresentado.

Registros

Nesta seção, você vai identificar e analisar diferentes tipos de registros históricos e refletir sobre eles.

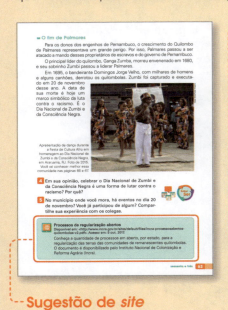

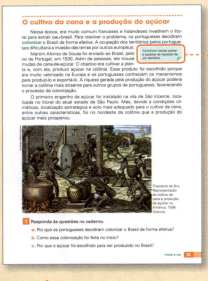

Glossário

Ao longo do livro você encontrará uma breve explicação de algumas palavras e expressões que talvez não conheça.

Sugestão de *site*

As sugestões de *sites* favorecem a ampliação e o aprofundamento dos conteúdos estudados.

4 quatro

Finalizando o capítulo

No fim dos capítulos, há seções que buscam ampliar seus conhecimentos sobre a leitura de imagens, a diversidade cultural e os conteúdos abordados no capítulo.

A seção **Vamos ler imagens!** propõe a análise de uma ou mais imagens e é acompanhada de atividades que vão ajudar você a compreender diferentes tipos de imagem.

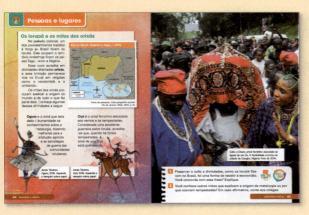

Na seção **Pessoas e lugares** você vai conhecer algumas características culturais de diferentes comunidades.

As atividades da seção **Aprender sempre** são uma oportunidade para você verificar o que aprendeu, analisar os assuntos estudados em cada capítulo e refletir sobre eles.

Material complementar

No final do livro, você vai encontrar material complementar para usar em algumas atividades.

Ícones usados no livro

 Atividade em grupo

 Atividade em dupla

 Atividade oral

 Recurso digital

 Saber ser
Sinaliza momentos propícios para professor e alunos refletirem sobre questões relacionadas a valores.

cinco 5

Sumário

CAPÍTULO 1 — Os primeiros habitantes › 8

A origem dos seres humanos › 9
Da África para o mundo › 10
Grupos nômades › 11
Povos sedentários › 12
Diferentes povos, diferentes culturas › 13
Aprender sempre › 14

CAPÍTULO 2 — Como os portugueses vieram? › 16

Contando os séculos › 17
A travessia do Atlântico › 18
A arte da navegação › 19
Convivendo em alto-mar › 20
As crianças da tripulação › 21
As mulheres nas Grandes Navegações › 22
A chegada às terras desconhecidas › 23
Vamos ler imagens!
Carta náutica do século 16 › 24
Aprender sempre › 26

CAPÍTULO 3 — O início da colonização › 28

Pau-brasil: a primeira riqueza › 29
A prática do escambo › 30
O cultivo da cana e a produção do açúcar › 31
Como se cultivava a cana? › 32
O trabalho na produção do açúcar › 33
O engenho › 34
Registros
Instrumentos de trabalho do engenho › 35
Aprender sempre › 36

CAPÍTULO 4 — Os africanos escravizados › 38

Quem eram as pessoas escravizadas? › 39
O tráfico negreiro › 40
A viagem da África para o Brasil › 41
Mercado de africanos escravizados › 42
Quem eram os povos africanos? › 43
Pessoas e lugares
Os Iorubá e os mitos dos orixás › 44
Aprender sempre › 46

CAPÍTULO 5 — O trabalho dos escravizados › 48

A escravidão nos engenhos › 49
Vivendo na senzala › 50
A escravidão nas minas › 51
O trabalho nas minas › 52
Registros
O santo do pau oco › 53
A escravidão nas cidades › 54
Escravos de ganho › 55
Vamos ler imagens!
Fotos de trabalhadoras do século 19 › 56
Aprender sempre › 58

CAPÍTULO 6 — Combate e resistência à escravidão › 60

Formas de resistência › 61
Quilombo de Palmares › 62
A Revolta dos Malês › 64
Registros
Carta sobre Luiza Mahin › 65
Pessoas e lugares
A Comunidade Quilombola de Sobara › 66
Aprender sempre › 68

CAPÍTULO 7
Mulheres e homens livres dos engenhos › 70

Trabalhadores livres › 71
O que faziam? › 72
Os mascates › 73
A chegada dos holandeses › 74
Reformas urbanas no Recife › 75
Vamos ler imagens!
O Brasil visto pelos holandeses › 76
Aprender sempre › 78

CAPÍTULO 8
Outros trabalhadores livres no campo › 80

O trabalho nas fazendas de gado › 81
Os caminhos do gado na colônia › 82
Os missionários e os bandeirantes › 83
As missões jesuíticas › 84
Os bandeirantes › 86
Aprender sempre › 88

CAPÍTULO 9
Trabalhadores livres na região das minas › 90

Crescimento da população urbana › 91
Ofícios urbanos › 92
Problemas nas cidades mineradoras › 93
A fome › 94
O controle do governo português › 95
Registros
Casa dos Contos › 96
Conjuração Mineira › 97
Pessoas e lugares
Os mineradores de São José › 98
Aprender sempre › 100

CAPÍTULO 10
Café: um novo cultivo › 102

A cafeicultura › 103
A expansão das lavouras de café › 104
Do vale do Paraíba para o Oeste Paulista › 105
O trabalho nas fazendas de café › 106
A economia cafeeira › 107
Mudanças no cenário › 108
As estradas de ferro › 109
Vamos ler imagens!
Pinturas sobre os trabalhadores do café › 110
Aprender sempre › 112

CAPÍTULO 11
Da escravidão ao trabalho assalariado › 114

Em direção ao fim da escravidão › 115
Leis abolicionistas › 116
Chegam os imigrantes › 118
O trabalho nas fazendas › 119
Registros
O Museu da Imigração › 121
A crise do café › 122
Migração para as cidades › 123
Os imigrantes nas cidades › 124
Operários: o trabalho nas fábricas › 125
Aprender sempre › 126

CAPÍTULO 12
Vida urbana e indústria › 128

Industrialização e urbanização › 129
As primeiras indústrias no Brasil › 130
O crescimento das cidades › 131
Uma vida nada fácil › 132
Movimentos operários: lutando por direitos › 133
Transformações dos costumes › 135
As mudanças no cotidiano › 136
Novos meios de comunicação › 137
Pessoas e lugares
Comunidade operária de Sumaré › 138
Aprender sempre › 140

Sugestões de leitura › 142
Bibliografia › 144
Material complemetar › 145

CAPÍTULO 1

Os primeiros habitantes

Como eram as primeiras mulheres e os primeiros homens que habitaram nosso planeta? Onde eles surgiram? Como chegaram aos territórios que hoje formam a América? Será que eles se pareciam com os seres humanos atuais?

Em diferentes épocas, vários grupos de pensadores e pesquisadores buscaram responder a essas questões. Neste capítulo, você vai conhecer algumas hipóteses levantadas por cientistas que estudam esses temas.

Um dos vestígios deixados pelos ancestrais dos seres humanos são as **pinturas rupestres**, que eram feitas em paredes de cavernas e outras rochas, com tintas à base de plantas, carvão, terra, entre outros. Acima, pinturas rupestres feitas há mais de 10 mil anos em paredes de caverna no Egito. Foto de 2014.

▶ Que elementos você identifica na pintura acima? Você reconhece algum dos animais representados?

▶ Em sua opinião, que situação a cena retrata?

▶ Você acha que a vida dos primeiros seres humanos era parecida com a sua ou diferente? Por quê?

A origem dos seres humanos

Há quanto tempo os seres humanos existem na Terra? Essa não é uma pergunta fácil de ser respondida. Atualmente, há muitos registros de nossa existência, como fotos, vídeos, jornais, roupas, músicas, brinquedos, moradias, entre outros, que, como você estudou nos anos anteriores, são documentos históricos.

Porém, os seres humanos que habitavam a Terra em um passado muito distante deixaram registros de sua existência bastante diferentes dos de hoje, e esses registros quase foram totalmente apagados com o passar do tempo. Por isso, ainda não é possível responder a essa questão com certeza.

Analisando vestígios muito antigos deixados por esses primeiros seres humanos, foi possível aos cientistas desenvolver algumas **teorias** para responder à pergunta sobre há quanto tempo os seres humanos existem na Terra.

Atualmente, a maioria dos cientistas acredita que a vida tenha surgido em nosso planeta há cerca de 3,5 bilhões de anos. Os primeiros **hominídeos** teriam surgido no continente africano há aproximadamente 5 milhões de anos. Por isso, o continente africano é chamado de "berço da humanidade".

De acordo com a **teoria da evolução**, esses hominídeos foram se transformando fisicamente ao longo de milhares de anos, e somente há cerca de 200 mil anos surgiram os seres humanos modernos, mais parecidos com os seres humanos atuais.

> **Teoria:** conhecimento científico elaborado com base na verificação e validação de várias hipóteses.
> **Hominídeo:** termo científico que se refere aos ancestrais extintos dos seres humanos.

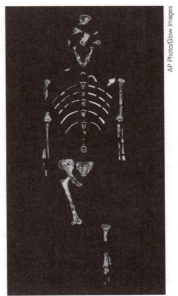

Ao lado, vestígio de hominídeo fêmea encontrada na Etiópia, um país africano. Trata-se de um esqueleto chamado pelos cientistas de Lucy. Ela teria vivido há cerca de 3 milhões de anos. Acima do esqueleto, reconstituição de como seria a aparência de Lucy, feita por pesquisadores da Universidade do Texas, Estados Unidos.

1 Em sua opinião, quais são as dificuldades de estudar os vestígios dos primeiros seres humanos?

2 Além dos esqueletos, que outros tipos de vestígio dos primeiros seres humanos os pesquisadores poderiam estudar?

Da África para o mundo

Com o estudo de vestígios como restos de esqueletos, pegadas e utensílios variados, encontrados em diversas partes da África e do mundo, várias teorias foram criadas para explicar como os seres humanos povoaram outros continentes além do continente africano.

Algumas tecnologias atuais permitem identificar a idade aproximada desses vestígios. De acordo com as datações, teorias são elaboradas, confirmadas, refeitas ou abandonadas pelos cientistas. Por exemplo, as teorias sobre a data da chegada dos primeiros seres humanos à América variam entre 11 mil e 50 mil anos.

Pontas de flechas feitas há cerca de 11 mil anos. Esses objetos foram encontrados na cidade de Clóvis, nos Estados Unidos, e foram muito importantes na elaboração de teorias que explicam quando os primeiros seres humanos chegaram à América e como era o dia a dia deles.

Fontes de pesquisa: Pierre Vidal-Naquet e Jacques Bertin. *Atlas histórico*: da pré-história aos nossos dias. Lisboa: Círculo de Leitores, 1987. p. 18; *Atlas histórico escolar*. Rio de Janeiro: FAE, 1991. p. 50.

3 De acordo com a teoria apresentada pelo mapa, há quanto tempo:

a. Os seres humanos teriam saído da África?

b. Os seres humanos teriam chegado à América?

c. Os seres humanos teriam chegado aos territórios que hoje formam o Brasil?

4 Em sua opinião, o que significa dizer que o mapa apresenta uma teoria sobre a ocupação do planeta Terra pelos seres humanos?

Grupos nômades

Os primeiros hominídeos eram **nômades**, isto é, não viviam muito tempo no mesmo lugar. Como dependiam da coleta de frutos e da caça, sempre que o inverno chegava ou os alimentos se esgotavam, eles migravam em busca de locais com clima ameno e mais opções para coletar e caçar.

Inicialmente, eles consumiam os alimentos encontrados ao acaso, como frutas e restos de animais. Com o tempo, desenvolveram técnicas de caça e de pesca que envolviam trabalho em grupo.

Alguns tipos de pedra começaram a ser utilizados como instrumentos. Por exemplo, uma pedra, ao se chocar com o chão ou com outras pedras, poderia ficar com uma extremidade pontiaguda. Essa pedra lascada se tornaria uma ferramenta útil para cortar frutos e raízes.

Agulhas (à esquerda) e pontas de arpões (à direita) feitas de ossos há cerca de 15 mil anos.

Ao perceber isso, os hominídeos começaram a lascar pedras, ossos e outros materiais disponíveis para criar lâminas cada vez mais finas e cortantes e, com elas, fabricar instrumentos como pontas de flechas, facas, machados, lanças, etc.

Ilustração de como seria um hominídeo lascando pedra.

A carne dos animais abatidos era consumida crua. Somente quando os seres humanos descobriram como fazer **fogo** e controlá-lo foi que passaram a aquecer e cozinhar os alimentos.

1 As atividades realizadas pelos primeiros grupos de seres humanos ainda são realizadas hoje? E os instrumentos que eles inventaram ainda são utilizados? Explique.

2 A descoberta do fogo foi muito importante para a sobrevivência dos seres humanos. Além de possibilitar o cozimento dos alimentos, que outras vantagens o controle do fogo pode ter trazido?

Povos sedentários

Ao longo do tempo, nossos antepassados, distribuídos entre os vários continentes do planeta, começaram a se tornar **sedentários**, isto é, passaram a habitar um lugar fixo. Vários fatores contribuíram para isso. Ao observarem que uma semente caída no solo poderia dar origem a uma nova planta, os grupos humanos começaram a plantar. Assim, surgiu a **agricultura**.

A **domesticação de animais**, como cães e cavalos, foi muito importante para a locomoção e as atividades de caça. Além disso, as ferramentas se tornaram cada vez mais complexas. As pedras, antes lascadas, passaram a ser polidas, tornando-se mais resistentes.

O mapa a seguir representa a época e a região em que algumas plantas começaram a ser cultivadas e alguns animais foram domesticados.

Fontes de pesquisa: Vincenzo Raffaele Bochicchio. *Atlas mundo atual*. São Paulo: Atual, 2003. p. 10-11; Marcel Mazoyer e Laurence Roudart. *História das agriculturas no mundo*: do Neolítico à crise contemporânea. São Paulo: Ed. da Unesp; Brasília: Nead, 2010.

1 Quais dos animais e vegetais que aparecem no mapa fazem parte do seu dia a dia? Quando eles foram domesticados? Em quais continentes?

Diferentes povos, diferentes culturas

Ao longo do tempo, cada grupo de seres humanos, em diferentes partes do mundo, foi desenvolvendo sua própria cultura, isto é, seu modo de organizar as moradias e as famílias, de dividir tarefas e alimentos, de se comunicar, de realizar cultos religiosos, de fazer comércio, de se vestir, de cozinhar, de produzir utensílios, etc.

Em um passado mais recente, há cerca de quinhentos anos, os portugueses, ao encontrar as terras que hoje formam o Brasil, disseram que haviam "descoberto" esses territórios. Porém, já havia diversos povos vivendo aqui. Eles eram descendentes dos nossos antepassados que, milhares de anos atrás, migraram da África para outros continentes, inclusive para a América.

Esses povos nativos são conhecidos, atualmente, como **povos indígenas**.

Abaixo, conheça os nomes de alguns desses povos:

Aikanã Aikewara **Amanayé** Amondawa Anambé **Apiaká Apinayé Apurinã** Arapaso **Arara** Araweté Arikapú **Aruá** Ashaninka **Atikum** Aweti Bakairi **Banawá** Baniwa **Baré** Borari **Bororo** Canela Cara Preta **Chiquitano** Enawenê-nawê **Fulni-ô** Galibi do Oiapoque **Galibi-Marworno Gamela** Gavião Kykatejê Gavião **Parkatêjê Guajá Guajajara** Guarani Guarani Kaiowá **Guarasugwe Guató** Huni Kuin **Ikpeng Karajá Jaraqui Jarawara** Javaé **Jenipapo-Kanindé** Kaimbé Kaingang **Kaixana** Kambiwá Kanamari **Karajá do Norte Karapanã Karapotó** Kariri-Xokó Karitiana Karo Karuazu **Katuenayana** Kawaiwete Kaxarari Kiriri **Korubo** Krenak Kujubim **Kulina** Kuruaya Macuxi **Makurap** Manchineri Maraguá **Marubo Matipu** Menky Manoki Munduruku **Mura** Nahukuá Nambikwara **Nawa** Ofaié **Panará** Pankaiuká **Pankará Pankararé** Pankararu Pankaru **Parintintin Patamona** Patáxó **Payayá** Pipipã **Pitaguary** Potiguara **Puri** Rikbaktsa **Sakurabiat** Sapará **Sateré** Mawé **Shanenawa** Surui Paiter **Tabajara** Tapajó Tapuia Taurepang Tingui Botó Truká **Trumai** Tukano **Tumbalalá Tunayana** Tupaiú Tupari **Turiwara Tuyuka** Umutina **Waiwai** Wapichana Witoto Xavante Xerente Xetá **Xingu Xipaya** Xokó Xukuru-Kariri **Yaminawá** Yanomami **Yawanawá** Zo'é Zoró

Fonte de pesquisa: Povos indígenas do Brasil. Instituto Socioambiental (ISA). Disponível em: <https://pib.socioambiental.org/pt>. Acesso em: 26 abr. 2017.

1 Escolham um dos povos acima e contornem o nome dele. Depois, pesquisem informações sobre ele, em publicações impressas ou digitais, para completar o quadro a seguir.

Local onde vive	_____
Idioma	_____
Organização das famílias	_____

Aprender sempre

1 Leia o texto abaixo e, depois, responda às questões.

> Há centenas de milhares de anos, nas noites frias de inverno, a escuridão era um grande inimigo. Sem a lua cheia, a [...] noite [...] era perigosa. Havia muitos predadores [...] que poderiam atacar facilmente enquanto dormíamos. O frio intenso era outro inimigo. [...]
> Até que, um dia, talvez ao observar uma árvore atingida por um raio, os hominídeos [...] descobriram algo que modificaria completamente o rumo da nossa evolução [...]. Ao dominar essa **entidade**, foi possível se aquecer, proteger-se dos predadores e ainda cozinhar os alimentos.

Entidade: existência de algo.

Adilson de Oliveira. A descoberta que mudou a humanidade. Revista *Ciência Hoje*, 16 jul. 2010. Disponível em: <http://www.cienciahoje.org.br/noticia/v/ler/id/2785/n/a_descoberta_que_mudou_a_humanidade>. Acesso em: 27 abr. 2017.

a. O texto se refere a qual descoberta? Sublinhe a palavra utilizada no texto para denominá-la.

_____

b. Em sua casa, essa "entidade" é utilizada? Em quais situações?

_____

_____

c. Todos da casa podem realizar atividades que dependam dessa descoberta? Converse com os adultos que moram com você e anote no caderno os cuidados necessários para utilizá-la. Depois, compartilhe as informações com os colegas.

2 Retome o mapa da página 12 e responda às questões abaixo.

a. Há plantas e animais que aparecem mais de uma vez no mapa. Em sua opinião, o que isso pode indicar? Levante hipóteses.

_____

_____

b. O mapa apresenta uma teoria. Isso significa que as informações do mapa são aceitas por todos os cientistas e não são questionadas? Explique.

_____

3 Os objetos abaixo foram criados há muito tempo. Observe as imagens e leia as legendas. Depois, em uma folha de papel avulsa, desenhe a provável finalidade de uso de cada objeto por quem o criou.

Da esquerda para a direita: esfera, cortador e perfurador feitos de pedra lascada há mais de 100 mil anos, encontrados em Israel.

Cabo de um machado, feito de pedra polida, há cerca de 6 mil anos. Ele foi encontrado na Inglaterra.

4 Forme grupo com dois colegas para produzir um folheto explicativo. O tema do folheto será um dos locais no Brasil onde há vestígios dos primeiros habitantes da América.

■ Escolham um dos lugares listados na página 145 para pesquisar. Recortem e colem o nome do local no quadro abaixo.

■ Utilizando publicações digitais ou impressas, pesquisem as seguintes informações sobre o lugar escolhido: localização; data em que foi criado; instituição responsável pelo trabalho nesse lugar (universidade, museu, etc.); principais achados (utensílios, pinturas, esqueletos, etc.). Anotem os resultados da pesquisa no caderno.

■ Em uma folha de papel sulfite, branca ou colorida, organizem as informações coletadas. No topo da folha, escrevam o título do folheto. Ele pode ser, por exemplo, o nome do conjunto arqueológico.

■ Lembrem-se de que, nos folhetos, as imagens são muito importantes. Coloquem pelo menos uma imagem, que pode ser desenho ou foto.

■ Após decidirem como as informações e a(s) imagem(ns) serão dispostas, passem o texto a limpo na folha e colem a(s) imagem(ns).

■ Com a orientação do professor, compartilhem o folheto que vocês criaram com a comunidade escolar.

CAPÍTULO 2
Como os portugueses vieram?

Os portugueses atravessaram o oceano Atlântico e chegaram à América milhares de anos após a vinda dos primeiros grupos de seres humanos a estas terras.

Além dos portugueses, nessa época, europeus de outras nacionalidades fizeram diversas viagens marítimas. Navegando em águas desconhecidas, eles corriam diversos riscos. Muito tempo depois, o poeta Fernando Pessoa (1888-1935) escreveu um poema sobre essas viagens. Leia alguns versos:

> Ó mar salgado, quanto do teu sal
> São lágrimas de Portugal!
> Por te cruzarmos, quantas mães choraram,
> Quantos filhos em vão rezaram!
> Quantas noivas ficaram por casar
> Para que fosses nosso, ó mar!
>
> Valeu a pena? Tudo vale a pena
> Se a alma não é pequena.
> [...]

Fernando Pessoa. Mar português. *Obra poética*. Rio de Janeiro: Nova Aguilar, 1981. p. 16.

▶ Segundo o poema, por que mães, filhos e noivas ficavam tristes e preocupados?

▶ Naquela época, quais seriam os motivos das "lágrimas de Portugal"?

▶ Por quais motivos os viajantes enfrentariam o mar desconhecido?

▶ Pense na chegada dos portugueses à América. Em sua opinião, que resposta eles dariam à pergunta "Valeu a pena?"?

Contando os séculos

As viagens marítimas que desbravaram mares inexplorados e encontraram locais até então desconhecidos pelos europeus ficaram conhecidas como **Grandes Navegações**. Essas expedições iniciaram-se por volta de 1410, ou seja, no século 15.

Mas como podemos descobrir a qual século pertence um determinado ano? Primeiro, é importante lembrar que:

| **1 século** | Equivale a 100 anos. |

Dessa forma, o primeiro século vai do ano 1 ao 100.

Você pode usar duas regras para descobrir a qual século um ano pertence. Acompanhe os esquemas abaixo.

Se os dois últimos algarismos do ano forem iguais a **zero**	Se os dois últimos algarismos do ano **não** forem iguais a **zero**
↓	↓
Excluir os dois zeros	Excluir os dois últimos algarismos e adicionar **1** ao número que restou
↓	↓
Ano 100: **1**00 ⇒ século 1 Ano 1600: **16**00 ⇒ século 16 Ano 2000: **20**00 ⇒ século 20	Ano 539: **5**39 ⇒ 5 + 1 → século 6 Ano 1801: **18**01 ⇒ 18 + 1 → século 19

1 Anote o século de cada ano a seguir.

a. 71: _____

b. 2005: _____

c. 1453: _____

d. 313: _____

e. 800: _____

2019 ⇒ 20 + 1 ⇒ século 21!

2 Em qual ano você nasceu? A qual século ele pertence?

_____

3 Em que século tiveram início as viagens conhecidas como Grandes Navegações?

A travessia do Atlântico

Entre 1419 e 1521, portugueses e espanhóis fizeram diversas viagens exploratórias pelo oceano Atlântico. Os governos desses dois povos realizaram grandes investimentos para o desenvolvimento das tecnologias náuticas.

Em 1492, os espanhóis chegaram a um continente que não conheciam e que seria, depois, chamado de América. Os portugueses, por sua vez, encontraram o caminho marítimo para a Índia em 1498. Dois anos depois, eles chegaram às terras que mais tarde chamariam de Brasil.

A expedição que partiu de Lisboa com destino à Índia, na Ásia, em 1500, foi comandada por Pedro Álvares Cabral. A missão dele era retornar a Portugal com os navios cheios de **especiarias**, sedas, marfim e outros artigos de luxo na época.

> **Especiaria:** erva ou parte de planta, como canela, cravo, pimenta, gengibre e noz-moscada, que era usada no preparo e na conservação dos alimentos e também como medicamento.

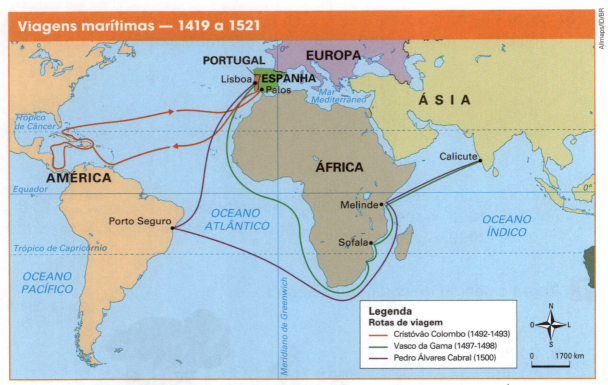

Fonte de pesquisa: José Jobson de A. Arruda. *Atlas histórico básico*. São Paulo: Ática, 2011. p. 19.

1 Observe o mapa acima e responda às questões a seguir.

  a. De que país saiu a expedição liderada por Cristóvão Colombo? Essa expedição chegou a qual continente?

  b. Antes de chegar à Índia, a expedição liderada por Vasco da Gama parou em quais locais?

  c. A expedição de qual navegador atingiu as terras que viriam a ser o Brasil?

A arte da navegação

Antes das Grandes Navegações, as rotas eram feitas apenas pelo mar Mediterrâneo, no litoral da Europa, da África e da Ásia. O oceano, que estava mais distante da costa, era evitado. A navegação em alto-mar exigia embarcações mais resistentes e velozes, além de instrumentos de orientação complexos.

Na época, os portugueses eram os navegadores que mais tinham conhecimentos náuticos. Eles desenvolveram técnicas de navegação e aperfeiçoaram as caravelas e alguns instrumentos, como a **bússola**, o **astrolábio** e o **quadrante**. Com isso, criaram condições para viajar pelo oceano Atlântico.

Caravela. Embarcação com casco estreito e fundo e velas triangulares. Resistente e veloz, era ideal para a navegação oceânica da época. Rafael Monleón. Representação feita no século 19 de caravelas típicas do século 16. Aquarela.

Bússola. Instrumento de orientação. Tem uma agulha magnética que aponta sempre para o norte. De origem chinesa, foi aperfeiçoada na época. Foto de bússola do século 15.

Quadrante. Instrumento que media a altura dos astros, ajudando na localização em alto-mar. Foto de quadrante do século 16.

Astrolábio. Instrumento de medição da altura de astros. Com ele, era possível localizar barcos em alto-mar. Foto de astrolábio do século 14.

2 De que maneira os instrumentos de orientação contribuíram para o sucesso dos portugueses na época das Grandes Navegações?

3 Hoje, que instrumentos você e sua família costumam utilizar para traçar uma rota ou procurar um local?

dezenove **19**

Convivendo em alto-mar

A caravela era comandada por um capitão e conduzida por um piloto, responsável por fiscalizar o **timoneiro**. Os marinheiros, por sua vez, faziam a maior parte do trabalho na embarcação, como a manutenção e o cuidado com os mastros e as velas.

Havia também o cozinheiro e o despenseiro, que distribuía a ração diária de comida. A bordo havia ainda: um padre; um médico; um escrivão, que registrava os acontecimentos importantes da viagem; bombardeiros, que eram responsáveis pelos canhões; e soldados.

Esses tripulantes passavam longos períodos em alto-mar. Eles viviam em espaços apertados e sempre corriam o risco de naufragar. Também podiam contrair doenças, como o **escorbuto**, e sofriam com a falta de alimentos.

Timoneiro: pessoa que comanda a roda do leme, peça que controla a direção de uma embarcação.
Escorbuto: doença que ataca a gengiva devido à falta de vitamina C. Causa inchaço, perda de dentes, apodrecimento da gengiva e manchas na pele.

Autoria desconhecida. Detalhe de representação de tripulantes em uma embarcação, século 16. Pintura sobre engradado de madeira revestido de papel e folha de ouro.

1 Atualmente, o escorbuto é uma doença rara no Brasil. Ela é evitada com a ingestão de alimentos ricos em vitamina C. Com a orientação do professor, pesquise em publicações impressas ou digitais que alimentos são esses. Anote-os.

As crianças da tripulação

Você sabia que nas embarcações também havia crianças? Eram meninos de 9 a 16 anos que viajavam como aprendizes de marinheiros. Chamados de **grumetes**, realizavam trabalhos pesados e estavam sujeitos a castigos físicos.

A limpeza do navio, por exemplo, era obrigação dos grumetes. Eles deviam manter o **convés** sempre úmido, pois, se a madeira ressecasse, poderia rachar. Também tinham de observar a passagem do tempo e informá-la ao restante da tripulação. Isso era feito com a ajuda de uma ampulheta.

Além disso, os grumetes ajudavam os marinheiros nos trabalhos de reparo das embarcações. Alguns chegaram a ser encarregados de subir até o ponto mais alto do mastro principal para avistar o mar distante.

Convés: pavimento (piso) superior de um navio.

2 Em sua opinião, as condições de trabalho dos grumetes eram seguras?

3 Você conhece outros momentos históricos em que era comum as crianças trabalharem? Em que época isso ocorria? Que tipos de trabalho eram realizados pelas crianças? E hoje, no Brasil, as crianças podem trabalhar? Explique.

As mulheres nas Grandes Navegações

Em Portugal, a maioria das mulheres era proibida de integrar as tripulações. Assim, muitas permaneciam no reino. Lá, trabalhavam no cultivo dos campos, na criação dos animais e nos cuidados com as crianças e os idosos. Apesar disso, essas mulheres puderam contribuir de outra forma com as Grandes Navegações. Elas fabricavam peças usadas na construção dos navios e preparavam alimentos para as viagens, como biscoitos, marmelada e carne salgada.

Algumas mulheres, porém, conseguiram permissão para viajar com os homens. Muitas acompanhavam o marido ou o pai; outras trabalhavam nos barcos, como padeiras e enfermeiras. Algumas também conseguiram sair de Portugal para viver nas terras exploradas pelos portugueses.

Autoria desconhecida. Representação de mulheres portuguesas no século 16 feita em 1797. Gravura. Da esquerda para a direita, há uma camponesa de Alentejo, uma vendedora de frutas de Lisboa e uma mulher de Beira. Alentejo, Lisboa e Beira correspondem a locais de Portugal.

4 Observe a gravura acima e descreva como cada mulher foi representada. Depois, leia a legenda e levante hipóteses sobre a importância das atividades desempenhadas por elas durante o período das Grandes Navegações.

5 Em sua opinião, por que muitas mulheres eram proibidas de participar das grandes viagens marítimas? Por que elas tinham de pedir permissão para viajar nas embarcações?

A chegada às terras desconhecidas

Em 22 de abril de 1500, a expedição de Pedro Álvares Cabral encontrou terras que, inicialmente, imaginou-se ser a Índia. Porém, era a área que hoje pertence ao município de Porto Seguro, no sul do atual estado da Bahia.

Os portugueses encontraram nesse local uma paisagem exuberante, com muita vegetação e abundância de água.

Encontraram, também, pessoas muito diferentes deles: os povos indígenas. E, então, fizeram o primeiro contato com eles. Como deviam retornar à Europa com mercadorias lucrativas, os portugueses procuraram saber o que poderiam explorar no território.

Oscar Pereira da Silva. *Descoberta do Brasil*, 1922. Óleo sobre tela.

1 Observe a pintura e responda às questões abaixo.

a. Quem é o autor dessa pintura? Em que ano ela foi feita?

_____

b. Que acontecimento é representado na pintura? Quando isso ocorreu?

_____

_____

c. O autor da pintura presenciou esse fato? Explique.

Vamos ler imagens!

Carta náutica do século 16

Para viajar pelo oceano Atlântico, conhecido como Mar Tenebroso, os europeus perceberam que precisavam de **cartas náuticas** precisas. As que existiam até então já tinham a rosa dos ventos e também alguns desenhos que forneciam informações sobre o local representado.

Esses mapas também mostravam diversos elementos do imaginário dos povos europeus sobre as regiões e os mares desconhecidos. Criaturas monstruosas e animais gigantes que devoravam embarcações são exemplos disso.

Também havia informações reais. Por exemplo, os elementos naturais de algumas áreas, como rios e florestas, e a existência de animais, como aves, porcos e cavalos. A partir do início do século 17, à medida que o conhecimento náutico avançava, os seres fantásticos foram desaparecendo dos mapas.

> **Carta náutica:** mapa usado para navegação que destacava os mares e os oceanos.

Essas características podem ser observadas na carta náutica reproduzida abaixo.

Olaus Magnus. *Carta marina*, 1539. Nesse mapa, foram representadas parte da Europa e áreas próximas aos mares do Norte e Báltico. À direita, detalhes da carta náutica.

Agora é a sua vez

1 Leia a legenda do mapa e responda às questões a seguir.

   a. Qual é o título do mapa? _____

   b. Qual é o nome do autor do mapa? _____

   c. Em que século o mapa foi produzido? _____

2 Observe os animais destacados nos detalhes abaixo. Contorne de **vermelho** os detalhes que representam animais reais. Contorne de **azul** os detalhes que representam seres imaginários.

3 Perceba que, no mapa, os monstros marinhos estão concentrados em um oceano. Consulte um mapa político atual e responda: Que oceano é esse?

_____

4 Em sua opinião, por que razão os cartógrafos representavam seres imaginários nas cartas náuticas?

Aprender sempre

1 Forme grupo com três colegas. Vocês vão fazer uma bússola e ver como ela funciona. Com a orientação do professor, sigam as etapas abaixo.

- Providenciem os seguintes materiais:
  - tampa plástica de garrafa, agulha, ímã, prato fundo com água, uma folha de sulfite, fita adesiva, lápis ou caneta e tesoura de pontas arredondadas.

- Recortem quatro pedaços da folha de sulfite, de modo que seja possível escrever em cada um: norte, sul, leste e oeste.

- Magnetizem a agulha esfregando uma de suas extremidades no ímã, sempre na mesma direção, umas vinte vezes.

- Fixem, com fita adesiva, a agulha na tampa plástica e a coloquem na superfície da água do prato, de modo que flutue. Dica: Fixem a agulha na parte vazada da tampa.

- Na borda do prato, fixem com fita adesiva os pedaços de folha sulfite de acordo com a posição dos pontos cardeais. Peçam auxílio ao professor.

- Observem a bússola que vocês montaram e respondam no caderno:

  a. Para qual direção aponta a agulha magnetizada?

  b. Ao ser movimentada, ela muda de direção?

2 O mapa-múndi a seguir foi produzido com base nos relatos do navegador italiano Américo Vespúcio. Foi o primeiro mapa a mostrar o continente americano. Observem a imagem e respondam às questões.

Martin Waldseemüller. Mapa-múndi feito em 1507.

a. Por que mapas como esse foram importantes para as Grandes Navegações?

_____

_____

b. Observem a representação da América no mapa. Na opinião de vocês, por que ela não tem detalhes como os outros continentes?

_____

_____

3 Na época das Grandes Navegações, era comum as crianças trabalharem. Hoje, o trabalho infantil é proibido no mundo todo. Mesmo assim, ainda existem casos de menores que trabalham ilegalmente. O que você pensa sobre isso?

a. O trabalho prejudica o desenvolvimento da criança? Por quê?

b. Que direitos das crianças que trabalham estão sendo desrespeitados?

CAPÍTULO 3
O início da colonização

Você gosta de doces? Sabia que existe um ingrediente, presente na maioria dos doces, que está ligado à história do nosso país?

Leia a receita a seguir.

Doce de leite caseiro

Ingredientes
- 4 xícaras (chá) de leite
- 2 xícaras (chá) de açúcar

Modo de preparar
1. Em uma panela, junte o leite e o açúcar e leve ao fogo baixo, mexendo sempre, até o açúcar dissolver (cerca de 10 minutos).
2. Cozinhe, mexendo sempre para o leite não ferver, por mais 1 hora ou até o creme engrossar e adquirir uma cor de caramelo claro. Se necessário, deixe por mais tempo para atingir o ponto certo.
3. Quando o doce estiver com a cor de caramelo, retire a panela do fogo e deixe esfriar.
4. Transfira para um pote de vidro esterilizado e guarde na geladeira por, no máximo, 10 dias.

Doce de leite caseiro. Panelinha. Disponível em: <http://panelinha.ig.com.br/site_novo/receita/receita.php?id=504>. Acesso em: 25 set. 2017.

▸ Qual dos ingredientes dessa receita é responsável por deixá-la doce?

▸ Esse ingrediente já foi um artigo de luxo, que custava muito caro, e faz parte da história do Brasil. Você sabe como ele é produzido? Em caso afirmativo, conte aos colegas.

▸ Em sua opinião, atualmente, é possível consumir doces que não utilizem esse ingrediente em sua composição?

▸ Algumas pessoas só podem ingerir quantidades muito pequenas desse alimento. Você conhece alguém com esse tipo de restrição alimentar? Sabe qual é a origem dessa restrição?

Pau-brasil: a primeira riqueza

Pau-brasil.

Quando chegaram ao litoral que hoje pertence ao Brasil, os portugueses encontraram o **pau-brasil**, árvore que havia em grande quantidade na Mata Atlântica.

Naquela época, para os indígenas que falam línguas da família tupi-guarani, o pau-brasil era chamado *ibirapitanga*, que quer dizer "árvore vermelha". Da madeira, eles extraíam um corante vermelho para tingir as penas dos ornamentos. Faziam também arcos e flechas.

Na Europa, o corante servia para tingir tecidos, e a madeira era usada na fabricação de móveis e embarcações. Visando à obtenção de lucros, os portugueses passaram, então, a extrair o pau-brasil.

Fonte de pesquisa: Portal da Reserva da Biosfera da Mata Atlântica. Disponível em: <http://www.rbma.org.br/rbma/images/mata_remanescente.gif>. Acesso em: 11 out. 2017.

Fonte de pesquisa: Portal da Reserva da Biosfera da Mata Atlântica. Disponível em: <http://www.rbma.org.br/rbma/images/mata_remanescente.gif>. Acesso em: 11 out. 2017.

1 Observe e compare os mapas acima. Depois, responda às questões a seguir.

a. O que aconteceu com a Mata Atlântica ao longo do tempo?

b. Quanto tempo levou para essa mudança acontecer?

c. Em sua opinião, por que isso ocorreu com a Mata Atlântica?

A prática do escambo

Para extrair o pau-brasil, os portugueses utilizavam o trabalho dos indígenas. Os nativos derrubavam as árvores, cortavam os troncos em toras, levavam a madeira até a praia e carregavam as caravelas.

Em troca da madeira, os portugueses entregavam aos indígenas machados, foices, tecidos, espelhos, pás, facas e outros objetos que os nativos consideravam importantes. Esse tipo de troca, que não envolvia moeda, recebeu o nome de **escambo**.

Para armazenar as toras de madeira que seriam levadas para a Europa, os portugueses construíram, ao longo do litoral, **feitorias**, que eram galpões de madeira protegidos por **paliçadas**.

Paliçada: cerca feita de troncos pontiagudos.

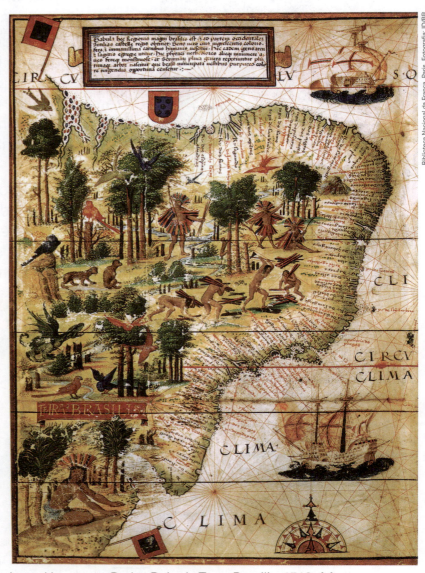

Lopo Homem e Pedro Reinel. *Terra Brasilis*, 1519. Mapa que representa a extração do pau-brasil.

2 Observe o mapa reproduzido acima, leia a legenda e responda: O que os desenhos do mapa representam? Descreva os detalhes.

_____

_____

3 Em sua opinião, a prática de trocar um serviço ou um objeto por outro ainda existe? Em caso afirmativo, dê um exemplo.

O cultivo da cana e a produção do açúcar

Nessa época, era muito comum franceses e holandeses invadirem o litoral para extrair pau-brasil. Para resolver o problema, os portugueses decidiram **colonizar** o Brasil de forma efetiva. A ocupação dos territórios pelos portugueses dificultaria a invasão das terras por outros europeus.

> **Colonizar:** tomar posse e explorar as riquezas de um território.

Martim Afonso de Sousa foi enviado ao Brasil, pelo rei de Portugal, em 1530. Além de pessoas, ele trouxe mudas de cana-de-açúcar. O objetivo era cultivar a planta e, com ela, produzir açúcar na colônia. Esse produto foi escolhido porque era muito valorizado na Europa e os portugueses conheciam os mecanismos para produzi-lo e exportá-lo. A riqueza gerada pela produção do açúcar poderia tornar a colônia mais atraente para outros grupos de portugueses, favorecendo o processo de colonização.

O primeiro engenho de açúcar foi instalado na vila de São Vicente, localizada no litoral do atual estado de São Paulo. Mas, devido a condições climáticas, localização estratégica e solo mais adequado para o cultivo da cana, entre outras características, foi no nordeste da colônia que a produção do açúcar mais prosperou.

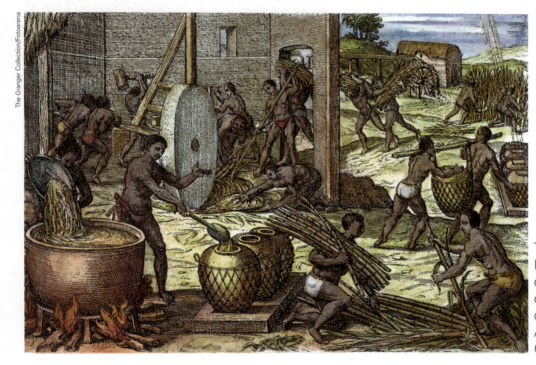

Theodore de Bry. Representação do cultivo de cana e produção de açúcar na América, 1596. Gravura.

1 Responda às questões no caderno.

a. Por que os portugueses decidiram colonizar o Brasil de forma efetiva?

b. Como essa colonização foi feita no início?

c. Por que o açúcar foi escolhido para ser produzido no Brasil?

Como se cultivava a cana?

Africanos escravizados faziam todo o trabalho de cultivo da cana, trabalhando de 14 a 17 horas por dia, sob vigilância constante dos feitores. Primeiro, eles derrubavam parte da mata. Depois, com enxadas ou arados, preparavam a terra para plantar as mudas. A cana era colhida cerca de um ano depois do plantio. Nesse período, os escravizados retiravam o mato da plantação. Também faziam outros trabalhos no **engenho**.

Na época da colheita, ateava-se fogo ao canavial para facilitar a circulação por ele. Era a **queimada**. Com facões e foices, os escravizados cortavam a cana e carregavam os feixes até os carros de boi. A cana era levada até a **casa da moenda**. Lá, iniciava-se a produção do açúcar.

> **Engenho:** originalmente, referia-se aos equipamentos usados na moagem do açúcar. Com o tempo, passou a designar a propriedade onde se cultivava a cana e se produzia o açúcar.

Autoria desconhecida. Representação de trabalhadores escravizados em canavial, 1881. Gravura. O homem a cavalo é o **feitor**, encarregado de vigiar os escravizados.

Trabalhador rural durante a colheita de cana-de-açúcar em Teresina, PI. Foto de 2015.

2 Observe as imagens e compare os trabalhadores retratados nelas. Há diferenças entre eles? Quais? E semelhanças?

3 Ainda se fazem queimadas no Brasil. Algumas são feitas em áreas já desmatadas, para facilitar a atividade agrícola; outras, para desmatar o local. Muitas são ilegais. O Instituto Nacional de Pesquisas Espaciais (Inpe) realiza o monitoramento (observação) das queimadas por meio de imagens produzidas por satélite.

- Converse com os colegas e responda: Qual é a importância do monitoramento das queimadas?

O trabalho na produção do açúcar

Na casa da moenda, a cana era espremida para se extrair seu caldo. Este era transportado em recipientes de madeira para a **casa das fornalhas**. Nesse local, o caldo era cozido até se transformar em **melaço**.

O melaço seguia então para a **casa de purgar**, onde era coado e colocado em fôrmas de barro. Ali, durante cerca de dois meses, o melaço endurecia e era purificado. Depois, os chamados **pães de açúcar** eram retirados das fôrmas e expostos ao sol.

O açúcar era então pesado e embalado em caixas, com destino à Europa. Uma parte da produção era consumida no próprio engenho.

Pieter van der Aa. Representação de um engenho no nordeste brasileiro, cerca de 1729. Gravura.

4 Observe a imagem acima. Associe as letras de cada etapa da produção do açúcar no engenho às legendas a seguir.

☐ Colheita.

☐ Moagem da cana para extração do caldo.

☐ Cozimento do caldo para obtenção do melaço.

☐ Separação do pão de açúcar.

O engenho

A maior parte das terras do engenho era reservada ao canavial. Uma parte das matas era mantida para fornecer lenha às fornalhas. Além do canavial e das matas, diversos tipos de construções faziam parte do engenho.

A vida no engenho girava em torno de seu proprietário, o **senhor de engenho**. Ele era a autoridade máxima e controlava toda a vida no engenho. Nem todas as propriedades rurais possuíam o maquinário. Pequenas e médias propriedades pagavam a um senhor de engenho pelo uso de sua maquinaria.

Observe a imagem abaixo e conheça melhor um engenho.

Frans Post. *O engenho*, 1668. Óleo sobre tela.

A **Casa-grande:** construção ampla, com vários cômodos, onde o senhor de engenho vivia com sua família.

B **Capela:** pequena igreja onde eram celebrados eventos religiosos, como missas, batismos e casamentos.

C **Senzala:** construção rústica, em condições precárias, sem mobília, que era a moradia dos africanos escravizados.

D **Local destinado à produção do açúcar:** lugar que contava com a casa da moenda, a fornalha e a casa de purgar.

1 Em sua opinião, qual das instalações destacadas não poderia ser construída hoje em uma propriedade rural? Por quê?

Cana de mel, preço de fel
Disponível em: <https://tvescola.mec.gov.br/tve/video?idItem=4127>. Acesso em: 25 set. 2017.

Saiba mais sobre a produção do açúcar no período colonial assistindo a esse vídeo da TV Escola que faz parte da série *500 anos – O Brasil Colônia na TV*.

Registros

Instrumentos de trabalho do engenho

Como vimos, o engenho de açúcar era composto de várias instalações. Nele existiam também diversas ferramentas de trabalho.

Na etapa do cultivo da cana, por exemplo, utilizavam-se enxadas, machados, facões, foices e arados. Já na fase da produção do açúcar, havia a moenda, que podia ser movida pela força de escravizados, bois e cavalos ou pela força da água. Também havia as caldeiras, grandes recipientes de cobre ou de ferro usados para ferver o caldo da cana. As fôrmas, onde o melaço cristalizava, eram feitas de barro e tinham formato de cone.

No Brasil, há alguns museus, como o Museu do Homem, no Recife, Pernambuco, que expõem e preservam esses equipamentos.

Fôrmas de pão de açúcar feitas de barro, usadas na produção de açúcar no Nordeste, no século 17.

Caldeiras feitas de cobre, onde era fervido o caldo da cana em engenho do Nordeste, também no século 17.

1 Observe as fotos das fôrmas de açúcar e das caldeiras acima e responda às questões.

a. Esses objetos são feitos de quais materiais?

_____

b. Em sua opinião, por que é importante preservar esses objetos?

2 Uma das explicações para o nome do morro Pão de Açúcar, no município do Rio de Janeiro, seria a semelhança entre ele e as fôrmas utilizadas para a secagem do melaço. Você concorda com essa explicação? Se você não conhece o Pão de Açúcar, procure uma foto dele, em publicações impressas ou digitais, para responder no caderno a essa questão.

Aprender sempre

1 Observe o mapa reproduzido abaixo e responda às questões a seguir no caderno.

Giacomo Gastaldi e Giovani Battista Ramusio. *Brasil*, 1556. Mapa.

a. Na época em que o mapa foi feito, qual era a principal riqueza explorada pelos portugueses no Brasil? Pinte de **laranja**.

☐ Cana-de-açúcar. ☐ Café. ☐ Pau-brasil.

b. Alguns indígenas foram representados usando uma ferramenta que não pertencia à cultura deles. Que ferramenta é essa? Como eles possivelmente a conseguiram? Levantem uma hipótese e anotem no caderno. Depois, compartilhem com os colegas.

2 Observe a imagem e responda: Que instalação do engenho foi representada na gravura? Qual era a função desse equipamento?

Willem Piso e George Marcgraf. Representação de parte de um engenho, publicada na obra *Historia Naturalis Brasiliae*, 1648. Gravura.

_____
_____
_____

3 Classifique cada atividade abaixo em "Cultivo da cana-de-açúcar" ou "Produção e venda do açúcar", organizando-as na sequência correta dentro do quadro a seguir.

- Derrubar parte da mata.
- Extrair o caldo da cana.
- Fazer a queimada.
- Arar a terra e plantar a cana.
- Produzir o melaço.
- Encaixotar o produto e embarcá-lo para a Europa.
- Purgar e retirar das fôrmas os pães de açúcar.
- Fazer a colheita da cana.

Cultivo da cana-de-açúcar	Produção e venda do açúcar

a. Na página 147, há ilustrações que retratam essas etapas. Recorte e cole essas ilustrações em uma folha avulsa, na sequência correta.

b. Escreva uma pequena legenda abaixo de cada imagem. Com a orientação do professor, exponha seu trabalho no mural da sala de aula.

4 Como era a casa-grande? E a senzala?

- Em uma folha avulsa, faça uma linha de modo que a folha seja dividida em duas partes. Em uma delas, você vai fazer um desenho da casa-grande e, na outra, um desenho da senzala, com base no que você estudou neste capítulo.

- Depois, reflita com os colegas sobre as questões: Como vocês acham que era viver na casa-grande? E na senzala? Onde a qualidade de vida poderia ser melhor?

CAPÍTULO 4
Os africanos escravizados

Entre os séculos 16 e 19, milhões de africanos foram trazidos à América como escravizados. Eles eram vendidos, trocados, alugados, emprestados ou confiscados por comerciantes ou autoridades do governo. Essas pessoas foram transformadas em mercadorias.

Pesquisadores estimam que mais de cinco milhões e oitocentos mil africanos foram trazidos ao Brasil nessas condições. Veja a tabela abaixo.

Da África para o Brasil: Comércio de africanos escravizados — 1501 a 1875	
Anos	Número de africanos trazidos ao Brasil
1501-1525	7 000
1526-1550	25 387
1551-1575	31 089
1576-1600	90 715
1601-1625	267 519
1626-1650	201 609
1651-1675	244 793
1676-1700	297 272
1701-1725	474 447
1726-1750	536 696
1751-1775	528 693
1776-1800	673 167
1801-1825	1 160 601
1826-1850	1 299 969
1851-1875	9 309

Fonte de pesquisa: Viagens: Banco de Dados do Tráfico Transatlântico de Escravos. Disponível em: <http://www.slavevoyages.org/assessment/estimates>. Acesso em: 23 out. 2017.

▷ Em que período chegou o maior número de escravizados ao Brasil?

▷ No período de 1501 a 1875, quais foram as principais atividades econômicas desenvolvidas no Brasil?

▷ Em sua opinião, por que os europeus escravizaram milhões de africanos? O que você acha da situação enfrentada pelas populações do continente africano nessa época?

Quem eram as pessoas escravizadas?

Desde o início da colonização, praticamente todo trabalho no Brasil era realizado por indígenas e africanos escravizados.

Os indígenas passaram a ser escravizados porque os portugueses precisavam cada vez mais de mão de obra nas lavouras. Já os africanos começaram a ser trazidos em maior número ao Brasil em **meados** do século 16. Homens, mulheres e crianças eram aprisionados na África e vendidos no Brasil como escravizados, principalmente aos senhores de engenho.

> **Meado:** aproximadamente pela metade.

Mesmo com o tráfico de africanos, a escravidão indígena continuou. Esse foi um dos fatores que levaram à redução desses povos.

Jean-Baptiste Debret. Representação de portugueses capturando indígenas, cerca de 1834. Gravura. A escravização de indígenas foi proibida em 1755, mas continuou ocorrendo ilegalmente.

1 Observe a gravura acima, leia a legenda e responda: Como os indígenas foram representados? Qual tipo de sentimento é possível notar nessa representação?

_____

_____

2 Por que os portugueses escravizaram africanos e indígenas?

O tráfico negreiro

O tráfico negreiro para o Brasil era feito principalmente por mercadores portugueses. Esse comércio era bastante lucrativo. Os portugueses trocavam armas, tecidos e outros produtos por africanos escravizados. Depois, vendiam os escravizados no Brasil e em outras partes da América.

Muitas vezes, os africanos trazidos eram aprisionados nas guerras entre reinos inimigos na África. Eles eram mantidos em feitorias nos portos do litoral até serem embarcados nos navios negreiros. Para evitar revoltas, famílias eram separadas.

🔍 Registros

Navio negreiro

O interior de alguns navios negreiros foi representado em esquemas. São registros que mostram as condições em que os africanos escravizados eram transportados. Observe um desses esquemas a seguir.

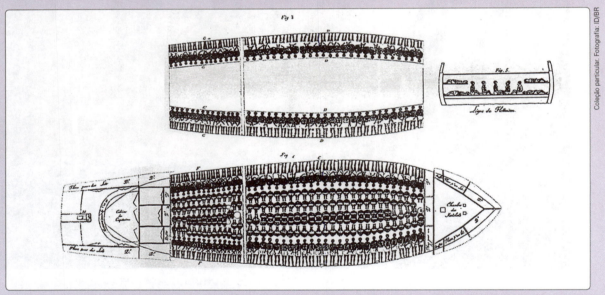

Autoria desconhecida. Esquema de 1823 representando o interior de um navio negreiro. Gravura.

1 Imagine que você e os colegas estão em um navio como o representado nesse esquema.

a. A locomoção dentro do navio seria fácil?

b. Todos poderiam se deitar e dormir ao mesmo tempo?

c. Em sua opinião, é correto submeter as pessoas a esse tipo de situação? Por quê?

A viagem da África para o Brasil

Partindo da África, o navio levava de três a seis semanas para chegar ao Brasil.

Muitos africanos ficavam doentes ou morriam durante a viagem. Isso acontecia porque eram transportados em péssimas condições. Eles ficavam em porões escuros, apertados e mal ventilados. Além disso, recebiam pouca água e comida, que era de má qualidade.

No Brasil, os africanos que sobreviviam eram desembarcados nos portos do Recife, do Rio de Janeiro e de Salvador.

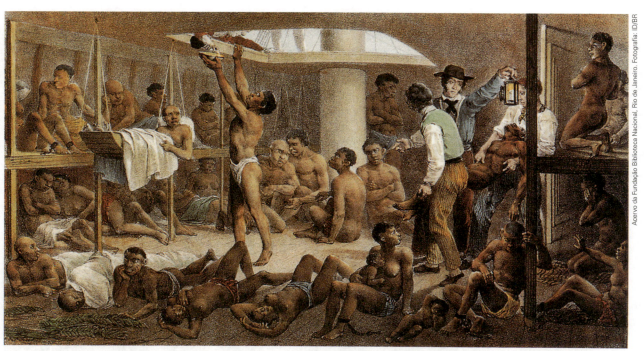

Johann Moritz Rugendas. Representação de porão de um navio negreiro, cerca de 1835. Gravura.

1 Observem a imagem e respondam às questões abaixo.

a. Por que uma das pessoas está segurando um lampião?

_____

b. Há duas pessoas carregando um homem. Por quê?

c. Comparem essa imagem com o esquema do navio negreiro na página anterior. Eles apresentam a mesma visão? Por quê?

Portal Arqueológico dos Pretos Novos
Disponível em: <http://www.pretosnovos.com.br/index.html>.
Acesso em: 27 set. 2017.

Saiba mais sobre o cotidiano das pessoas escravizadas no século 18 a partir de vestígios históricos encontrados no município do Rio de Janeiro.

quarenta e um **41**

Mercado de africanos escravizados

No Brasil, os portugueses preparavam os africanos antes de colocá-los à venda nos mercados de escravizados. Eles passavam óleo de palmeira no corpo dos escravizados para deixar sua pele brilhante. Acreditava-se que isso dava a eles um aspecto mais saudável. Depois, os africanos eram expostos.

O preço de venda variava de acordo com o gênero, a idade, as condições físicas e a origem do escravizado. Os compradores preferiam homens jovens e saudáveis. Também evitavam adquirir muitas pessoas de uma mesma comunidade. Eles tinham receio de que organizassem revoltas e fugas.

Autoria desconhecida. Representação de comerciante mineiro negociando o preço de um escravizado no Rio de Janeiro, 1826. Gravura.

2 Observe a imagem, leia a legenda e responda às questões a seguir.

a. Quantas pessoas há na imagem?

_____

b. Descreva a cena.

_____

_____

_____

c. Em sua opinião, por que os africanos escravizados estão expostos como se fossem objetos? Explique.

Quem eram os povos africanos?

Os homens e as mulheres que foram trazidos à força da África para o Brasil pertenciam a diferentes povos. A maioria eram bantos, que viviam na região onde hoje estão localizados os países de Angola e Moçambique. Havia também sudaneses, que habitavam áreas que atualmente compreendem Guiné e Gana. Cada povo tinha seu modo de viver e de trabalhar.

Apesar da diversidade, esses grupos tinham características em comum. Dominavam a **metalurgia** e a agricultura. Confeccionavam ferramentas, utensílios domésticos, enfeites, armas e outros objetos. Também desenvolveram técnicas de arquitetura. Muitos eram comerciantes ou artesãos que produziam tecidos e objetos de cerâmica.

Metalurgia: técnica para a extração e a transformação de metais, como ferro e cobre, em objetos.

A mesquita de Djenne foi construída no século 13, durante o auge do Império de Gana, considerado um dos maiores reinos africanos do período. Os territórios conquistados pelo Império de Gana se localizavam entre os atuais países Mali e Mauritânia. Foto de 2014.

3 Leia o texto e responda às questões no caderno.

> E a cada etapa da travessia [...] da África para o Brasil, era mais provável a pessoa se ver sozinha diante do desconhecido, tendo de aprender quase tudo de novo.
> No entanto, nada disso era capaz de apagar o que ela havia sido até então. Mesmo se capturada quando criança, ela traria dentro de si todo o conhecimento e a sensibilidade que sua família e vizinhos haviam até então lhe transmitido pela educação e pelo exemplo da vida cotidiana.

Marina de Mello e Souza. *África e Brasil africano*. São Paulo: Ática, 2006. p. 85.

a. Por que os africanos trazidos como escravizados tinham de aprender quase tudo de novo?

b. Para os africanos, aprender tudo de novo significava abandonar suas origens e costumes? Explique.

Pessoas e lugares

Os Iorubá e os mitos dos orixás

No período colonial, um dos povos africanos trazidos à força ao Brasil foram os Iorubá. Eles ocupam o território onde hoje ficam os países Togo, Benin e Nigéria.

Esse povo acredita em divindades chamadas **orixás**, e essa tradição permanece viva no Brasil em religiões como o candomblé e a umbanda.

Os mitos dos orixás procuram explicar a origem do mundo e de tudo o que faz parte dele. Conheça algumas dessas divindades a seguir.

África: Benin, Nigéria e Togo — 2016

Fonte de pesquisa: *Atlas geográfico escolar*. Rio de Janeiro: IBGE, 2016. p. 32.

Ogum é o orixá que teria dado à humanidade os conhecimentos sobre a metalurgia, trazendo melhorias para a produção agrícola e as estratégias de guerra das comunidades iorubanas.

Jonas Tavares. *Ogum*, 2016. Aquarela e nanquim sobre papel.

Oyá é o orixá feminino associado aos ventos e às tempestades. Considerada uma excelente guerreira pelos Iorubá, acredita-se que, quando há fortes tempestades, é sinal de que Oyá está guerreando.

Jonas Tavares. *Oyá*, 2016. Aquarela e nanquim sobre papel.

Culto a Oxum, orixá feminino associado às águas de um rio. A festividade ocorreu na cidade de Osogbo, Nigéria. Foto de 2014.

1. Preservar o culto a divindades, como os Iorubá fizeram no Brasil, foi uma forma de resistir à escravidão. Você concorda com essa frase? Explique.

2. Você conhece outros mitos que explicam a origem da metalurgia ou por que ocorrem tempestades? Em caso afirmativo, conte aos colegas.

Aprender sempre

1 Observe a imagem, leia a legenda e responda às questões.

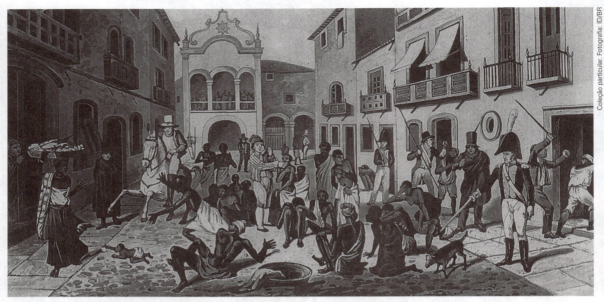

Augustus Earle e Edward F. Finder. Representação de mercado de escravizados no Recife, 1824. Gravura.

a. Que lugar foi representado nessa imagem?

_____

b. Que pistas você utilizou para descobrir isso?

_____

c. Descreva as atividades das pessoas escravizadas e dos homens brancos.

_____
_____
_____
_____

2 No Brasil, as crenças religiosas e os costumes de diferentes povos africanos foram difundidos e reinventados ao longo do tempo. Hoje, fazem parte da cultura afro-brasileira. Além do candomblé, você conhece outros exemplos da presença da cultura africana no Brasil?

■ Faça uma pesquisa e selecione pelo menos uma imagem que represente um desses exemplos. Na data combinada com o professor, traga essa imagem e explique para a turma que costume ela representa.

3 Em 2015, pesquisadores anunciaram a descoberta de destroços do navio negreiro português São José Paquete África. Leiam a reportagem abaixo.

> [...] o navio português deixou Moçambique com destino ao Maranhão, onde venderia os escravos para trabalhar nas plantações de cana-de-açúcar.
> A embarcação teria começado sua viagem em dezembro de 1794, tendo afundado apenas 24 dias depois, quando, durante uma tempestade, se chocou com pedras a pouco menos de 100 metros da Cidade do Cabo [na África do Sul atual].
> [...] Estima-se que o São José Paquete transportasse entre 400 e 500 escravos, acomodados no porão do navio [...].

Navio negreiro que naufragou com escravos é encontrado na África do Sul. *Folha de S.Paulo*, 1º jun. 2015. Disponível em: <http://www1.folha.uol.com.br/ciencia/2015/06/1636218-navio-negreiro-que-naufragou-com-escravos-e-encontrado-na-africa-do-sul.shtml>. Acesso em: 27 set. 2017.

a. Sublinhem no texto as informações de acordo com a legenda a seguir.

- Local de origem dos africanos escravizados.
- Destino dos africanos escravizados.
- Quantidade de africanos acomodados no porão.

b. As descobertas feitas a partir dos estudos sobre os destroços do navio São José Paquete África comprovam o que vocês aprenderam sobre o tráfico negreiro neste capítulo? Expliquem.

4 Leia o texto a seguir.

> Em 2015, foram libertados pelo menos 1111 trabalhadores de condições análogas à escravidão, de acordo com o Ministério do Trabalho. A média de resgatados tem se reduzido nos últimos anos, mas isso não significa que o problema diminuiu. Em estados em que as ações de fiscalizações aumentaram, como Mato Grosso, o número de pessoas libertadas também cresceu.

Guia rápido para jornalistas sobre trabalho escravo. Repórter Brasil, 2015. Disponível em: <http://reporterbrasil.org.br/guia>. Acesso em: 11 out. 2017.

a. Você já ouviu casos de denúncia de trabalho escravo no estado em que vive?

b. Em sua opinião, por que alguns trabalhadores acabam submetidos a esse tipo de situação? Qual é a sua opinião sobre as empresas que exploram os trabalhadores dessa maneira?

CAPÍTULO 5
O trabalho dos escravizados

Leia a seguir um texto do historiador Júlio Quevedo.

[...] Nas casas das famílias mais abastadas havia dezenas de escravos domésticos: **amas de leite**, babás, [...] arrumadeiras, passadeiras, [...] **cocheiros** e carregadores de liteiras ou "cadeirinhas", onde os brancos eram transportados de um lugar para outro. As pessoas mais modestas procuravam comprar ao menos um "moleque" para carregar os pacotes quando saíam às ruas. Além do serviço doméstico, eram considerados "trabalho de negro" as obras da construção civil e o comércio ambulante.

Ama de leite: escravizada que amamentava e cuidava dos filhos de seus senhores.
Cocheiro: pessoa que guia os cavalos de uma carruagem.

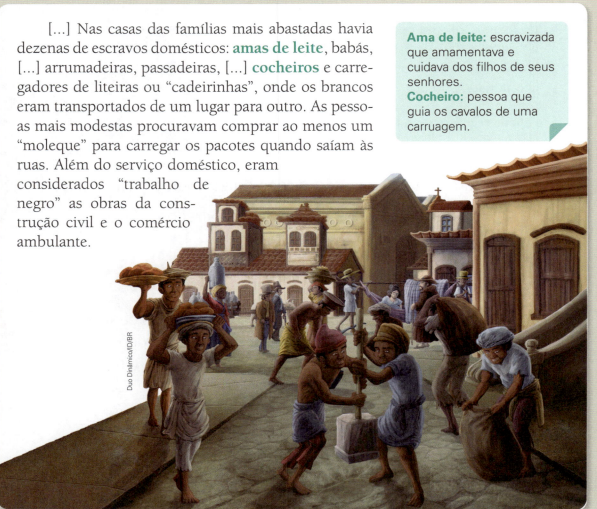

Júlio Quevedo. *A escravidão no Brasil*: trabalho e resistência. São Paulo: FTD, 1998. p. 24-25.

▶ Qual é o tema do texto?

▶ Quais são os dois tipos de família citados no texto? Qual deles possuía maior número de trabalhadores escravizados?

▶ Que atividades citadas no texto são representadas na ilustração?

▶ Você se lembra de outros trabalhos realizados pelos africanos escravizados? Quais?

A escravidão nos engenhos

Como você estudou, praticamente todo o trabalho do engenho era feito por africanos escravizados e seus descendentes. Além do intenso trabalho nas lavouras, havia também os trabalhos domésticos, que envolviam tudo que estivesse relacionado à casa-grande e a seus moradores.

Eram chamados "ladinos" os escravizados que preparavam os alimentos, cuidavam das crianças, limpavam a casa, lavavam as roupas. Também eram jardineiros e cuidavam dos cavalos.

O termo "ladino" significa esperto, inteligente. Esses escravizados foram chamados assim por saberem falar o português. Eles eram os que viviam mais próximos do senhor do engenho e de sua família.

Jean-Baptiste Debret. *Uma senhora brasileira em seu lar*, 1823. Gravura.

1 Observem a imagem acima e respondam: Que elementos da gravura mostram a posição de superioridade das pessoas brancas em relação aos africanos escravizados?

_____

_____

2 Em sua opinião, os "ladinos" tinham uma condição de vida melhor do que os escravizados que trabalhavam na lavoura e na produção de açúcar? Por quê?

Vivendo na senzala

Em geral, as senzalas eram grandes barracões. A maioria não tinha janelas; quando tinha, eram gradeadas. As senzalas também não possuíam divisão interna nem mobília. O chão era de terra batida. Os escravizados não tinham privacidade e dormiam em esteiras estendidas no chão.

Nas refeições, recebiam uma pequena quantidade de farinha de mandioca, milho, feijão e arroz. Algumas vezes, o senhor de engenho permitia que eles tivessem um dia de folga para cultivar os alimentos que consumiriam.

Quando conseguiam, os escravizados reuniam-se nas senzalas para conversar, cantar, contar histórias. Desse modo, preservavam suas tradições e criavam laços de solidariedade. Isso também era uma forma de tentar sobreviver à escravidão.

Johann Moritz Rugendas. *Habitação de negros*, 1835. Gravura. Em algumas fazendas, havia senzalas divididas em pequenos cômodos ou senzalas menores, reservadas para famílias, como a da imagem.

Sala no interior do Museu Casa dos Contos, em Ouro Preto, MG. Ela era uma senzala e foi construída entre 1782 e 1784. Foto de 2015.

3 Compare as duas imagens e responda: O local representado na imagem **A** é parecido com o da imagem **B**? Explique.

A escravidão nas minas

Desde que aqui chegaram, os portugueses desejavam encontrar ouro e prata. A partir de 1532, diversas expedições partiram de diferentes pontos da colônia à procura desses metais preciosos. Nenhuma delas foi bem-sucedida. Somente no final do século 17, os **bandeirantes** paulistas descobriram ouro em regiões que hoje correspondem a Minas Gerais, Goiás e Mato Grosso.

Com isso, muitas pessoas de diferentes partes da colônia seguiram para a região das minas. Portugueses também vieram para o Brasil nessa época com o objetivo de enriquecer.

No século 18, o Brasil tornou-se o principal produtor mundial de ouro. Assim como nos engenhos, os portugueses usaram mão de obra escrava nas minas.

Bandeirante: homem livre que organizava expedições, chamadas bandeiras, para explorar o interior do Brasil, com o objetivo de capturar indígenas e procurar metais preciosos.

John Mawe. Representação de escravizados trabalhando na lavagem de diamantes e ouro em Serro Frio (hoje município de Serro, MG), 1821. Gravura.

1 Observe a imagem e responda às questões abaixo.

a. Como são as condições de trabalho dos escravizados na imagem?

_____

_____

b. Em sua opinião, por que os escravizados estão sendo vigiados?

_____

O trabalho nas minas

No Brasil, ouro e pedras preciosas foram encontrados em leitos de rios e nas encostas e morros.

O ouro ou as pedras preciosas extraídos dos rios eram de aluvião, isto é, estavam misturados com areia e cascalho. Para separá-los, os escravizados utilizavam a bateia, uma vasilha rasa, parecida com um prato grande. Com ela, retiravam do rio uma porção de cascalho e água. Balançando e girando a bateia, conseguiam separar o ouro ou as pedras preciosas, que ficavam depositados no fundo.

A extração de ouro e pedras preciosas das encostas e morros era feita de outra maneira. Para extrair o chamado ouro ou pedras de lavras, os africanos escravizados usavam **picaretas**. Com elas, retiravam torrões de terra ou pedaços de rocha que continham ouro ou pedras preciosas. A exploração era difícil e precisava de mais trabalhadores. Além disso, havia vários riscos, como o de desmoronamento.

Picareta: ferramenta com cabo de madeira e duas pontas de ferro.

Carlos Julião. *Extração de diamantes*, cerca de 1776. Aquarela.

2 Observem a imagem e respondam às questões no caderno.

   a. Que tipo de extração de ouro foi representado na gravura: a de aluvião ou de lavras? Qual é o instrumento utilizado para realizar esse tipo de extração? Identifique-o na imagem.

   b. Os africanos escravizados usavam equipamentos de proteção? Expliquem.

3 Em sua opinião, por que a exploração de metais preciosos nas encostas e morros era mais perigosa? Que tipo de acidente poderia ocorrer com os trabalhadores escravizados nesse tipo de exploração?

■ Condições de vida dos escravizados na mineração

A época mais propícia para a exploração do ouro era o inverno, pois chovia pouco. Os escravizados eram obrigados a trabalhar nas águas geladas dos rios, durante muitas horas seguidas.

Nos túneis e nas galerias subterrâneas das minas, as condições de trabalho também eram ruins. Havia pouca ventilação e iluminação. A poeira que as pedras soltavam provocava doenças respiratórias. Muitos não resistiam mais do que sete anos nesses locais.

Apesar disso, os escravizados mineradores tinham mais oportunidades de se tornar livres. Alguns conseguiam burlar a vigilância dos feitores e desviar um pouco do ouro encontrado. Desse modo, podiam comprar a **carta de alforria**.

> **Carta de alforria:** documento emitido pelo proprietário do escravizado concedendo a ele liberdade, mediante pagamento ou não.

🔍 Registros

O santo do pau oco

Não foram apenas os escravizados que tentaram contrabandear ouro. Funcionários do governo e religiosos também desviavam e cobiçavam o precioso metal. Eles faziam isso porque uma parte do ouro encontrado devia ser entregue ao rei de Portugal.

Uma das formas de desviar ouro era utilizar o santo do pau oco, isto é, uma estátua religiosa de madeira cujo interior era oco. Com isso, era possível esconder ouro em pó e pedras preciosas dentro da estátua do santo.

Fotos de estátua de madeira do século 18 representando Nossa Senhora do Rosário, preservada no Museu da Inconfidência, em Ouro Preto, MG.

1 Escreva uma frase explicando o significado atual da expressão "santo do pau oco". Leia a frase para os colegas e ouça as frases criadas por eles.

_____

_____

A escravidão nas cidades

A mineração atraiu grande número de pessoas para a área das minas. Isso possibilitou o surgimento de algumas vilas e cidades e o crescimento de outras que existiam na época.

Nas vilas e cidades, o comércio cresceu e desenvolveram-se muitas atividades e ofícios. Alfaiates, sapateiros, ferreiros, barbeiros, carpinteiros, pedreiros, ourives, escultores, músicos, pintores e muitos outros profissionais atendiam a população.

Os escravizados realizavam diversas tarefas nas cidades. Levavam recados, transportavam pessoas, vendiam mercadorias, faziam o calçamento e a pavimentação das ruas, entre outras atividades. Observe as imagens abaixo.

Jean-Baptiste Debret. *Negros vendedores de aves*, 1823. Aquarela sobre papel. Nas cidades, alguns escravizados trabalhavam como vendedores e caminhavam pelas ruas carregando produtos para oferecer às pessoas.

Jean-Baptiste Debret. *Negros calceteiros*, 1824. Aquarela sobre papel. Nas vilas e cidades, o serviço de pavimentação (calçamento das ruas) era realizado por africanos escravizados.

1 Observe as imagens **A** e **B**. Atualmente, existem trabalhos semelhantes aos mostrados nas imagens. Complete o quadro abaixo indicando as diferenças e as semelhanças desses trabalhos no **passado** e no **presente**.

	Semelhanças	Diferenças
A		
B		

Escravos de ganho

Com o tempo, uma prática tornou-se comum: o senhor mandava os escravizados fazerem algum trabalho nas ruas e praças em troca de pagamento. Eram os **escravos de ganho**. Em geral, eles faziam pequenos consertos ou trabalhavam como carregadores, doceiras e pedreiros.

O dinheiro recebido pelo serviço era entregue ao senhor, mas uma parte ficava com o escravizado. Ele guardava esse dinheiro para tentar comprar a liberdade.

A maioria das escravas de ganho dedicava-se à venda de doces e frutas. Elas passavam com seus tabuleiros oferecendo guloseimas. Eram os mais variados tipos de doce: cocada, pé de moleque, bolo de milho, pão de ló, sonhos... Para anunciar sua chegada, elas passavam pelas ruas gritando:

"Doce, iaiá! É de maracujá!"

"Doce, sinhá! É de **cajá**!"

"Geleia é de **araçááááá**!"

Cajá: fruto da cajazeira.
Araçá: fruto do araçazeiro.

Jean-Baptiste Debret. *Refrescos das tardes de verão*, 1826. Aquarela sobre papel. Na obra, é possível observar as escravas de ganho trabalhando nas ruas do Rio de Janeiro.

2 As escravas de ganho anunciavam seus produtos gritando pelas ruas por onde passavam.

- Você já ouviu algum produto sendo anunciado assim? Caso tenha ouvido, conte aos colegas qual era o produto e o que dizia o vendedor. Ouça o relato dos colegas e verifique se eles ouviram os mesmos anúncios que você.

Vamos ler imagens!

Fotos de trabalhadoras do século 19

As fotos podem revelar diversas características de uma época, de um país ou de uma comunidade, por exemplo. No Brasil, a fotografia se difundiu na segunda metade do século 19, e os registros feitos nessa época são importantes fontes históricas.

Por meio desses registros, é possível identificar o modo como alguns grupos sociais costumavam se vestir, que ofícios realizavam, que ferramentas de trabalho utilizavam, entre outros aspectos. Observe a seguir um dos registros do fotógrafo Marc Ferrez.

Marc Ferrez. *Quitandeiras em rua do Rio de Janeiro*, cerca de 1875.

Essa foto retrata quatro mulheres negras trabalhando no comércio de rua. É possível perceber que a mulher mais à direita está descalça, o que indicava, na época, que ela era uma pessoa escravizada.

De modo geral, as pessoas fotografadas parecem sérias e cansadas, e não estão posando de modo amigável para a foto. A segunda mulher, da esquerda para a direita, sequer está de frente para a câmera. Esse comportamento delas diante da câmera pode indicar uma ação de resistência.

Agora é a sua vez

1 Observe a foto ao lado e depois responda às questões.

Joaquim Ferreira Villela. *Augusto Gomes Leal com a ama de leite Mônica*, 1860. Foto feita no Recife, PE.

a. Descreva as pessoas que foram retratadas na imagem.

_____

_____

_____

_____

_____

b. Qual era a ocupação da mulher fotografada?

_____

c. Observe a expressão do rosto dela. Ela parece feliz? Explique.

_____

d. A criança mostra algum tipo de afeto e carinho por sua ama de leite? Indique um elemento da foto que comprove sua resposta.

2 Observe as fotos **A** e **B** e relacione cada informação abaixo a uma das imagens.

☐ As mulheres representadas trabalham no comércio.

☐ A foto foi feita por Joaquim Ferreira Villela em um estúdio do Recife, Pernambuco, e as pessoas retratadas foram vestidas para a ocasião.

☐ A mulher representada realiza trabalhos domésticos.

☐ A foto foi feita por Marc Ferrez em uma rua do Rio de Janeiro e retrata uma cena cotidiana.

3 Compare as duas imagens e responda: Em sua opinião, que diferenças há entre a foto tirada na rua e a foto tirada em um estúdio? Você acha que os objetivos dos fotógrafos, ao fazer essas imagens, eram os mesmos? Explique.

Aprender sempre

1 Leia, a seguir, um trecho de entrevista de um ex-escravizado nascido entre 1870 e 1880. Atenção: No texto, **P** indica a pergunta feita pelo entrevistador e **E** indica a resposta do ex-escravizado.

> P: Como era sua vida na fazenda, no tempo da escravidão?
> E: Era trabaiando! De cedo à noite. Era no enxadão, de cedo à noite. Só largava de noite. Comendo em cuia de purungo; em cochinho de madeira. Racionado, ainda! Não era comida, assim, como agora. Era os poquino, os poquino. E o feitor ali. Nóis não tinha tempo de descansar as cadera, nem dez minuto que (como) agora. E o feitor ali, com o bacaiau – que agora dizem chicote –, mas naquele tempo eles diziam bacaiau.

Purungo: recipiente feito com a casca da cabaça, uma espécie de planta cujo fruto tem uma casca resistente.
Cochinho: vasilha.
Racionado: consumido com moderação para economizar.

Mário José Maestri Filho. *Depoimentos de escravos brasileiros*. São Paulo: Ícone, 1988. p. 26.

a. Como era o dia a dia desse trabalhador escravizado na fazenda onde vivia? Reconte para a turma.

b. Em sua opinião, o relato do trabalhador escravizado comprova ou contradiz o que você estudou neste capítulo? Explique.

2 Nos engenhos, além de cozinhar e limpar, os escravizados responsáveis pelos serviços domésticos realizavam várias outras atividades. Observe o quadro abaixo e responda às questões.

Alimentos	Utensílios	Tecidos
• Cuidavam da roça e dos animais. • Faziam farinha, doces e bolos. • Salgavam carnes e peixes para conservá-los. • Faziam manteiga e queijo.	• Faziam potes de cerâmica, cestos de palha, redes, vassouras, esteiras, facas e pás.	• Fiavam algodão. • Teciam panos. • Teciam redes. • Bordavam lençóis.

a. Alguma dessas tarefas é feita em sua casa? Em caso positivo, contorne-a.

b. Em sua opinião, o engenho produzia tudo de que seus moradores precisavam para sobreviver, ou precisavam comprar produtos? Explique.

c. De que maneira você e sua família costumam obter as coisas de que necessitam?

3 Retomem as imagens das páginas **49**, **50**, **55**, **56** e **57** e observem aquelas que retratam, no Brasil, pessoas escravizadas. Depois, respondam às questões.

a. Que elementos culturais de origem africana foram retratados nas imagens? Marquem com **X**.

☐ Colares.   ☐ Jogos.

☐ Instrumentos musicais.   ☐ Roupas.

☐ Turbantes.   ☐ Ferramentas.

b. Na opinião de vocês, o que a presença desses elementos pode significar? Levantem uma hipótese e anotem no caderno. **Dica**: Relacionem a hipótese de vocês com o momento histórico das imagens, no qual os africanos e seus descendentes eram escravizados.

4 Vimos que os africanos escravizados, além de executarem trabalho pesado e cansativo, sofriam castigos físicos. Sobre isso, escreva uma explicação para cada questão abaixo e depois leia suas respostas para os colegas.

a. Por que os castigos físicos não são atitudes que promovem o diálogo e o respeito ao outro?

_____
_____

b. Por que a violência não é o melhor caminho para resolver conflitos?

_____
_____

c. Por que o trabalho escravo é algo inadmissível e atualmente proibido?

_____
_____

■ Em uma folha avulsa, faça um cartaz com o seguinte tema: "A importância de respeitar o próximo e incentivar a paz". Você pode escrever frases e colar imagens que estimulem atitudes como o respeito e o diálogo. Mostre o trabalho final aos colegas e pendure-o no mural da sala de aula.

CAPÍTULO 6

Combate e resistência à escravidão

Os africanos escravizados que foram trazidos para o Brasil nunca deixaram de lutar por sua liberdade. Muitas vezes, já no embarque, eles resistiam a entrar nos navios negreiros.

No Brasil, os africanos continuaram resistindo e lutando contra a escravidão. A manutenção de suas expressões culturais, como a religiosidade e alguns instrumentos musicais, foram formas de resistência. Tanto que muitas delas podem ser identificadas em nossa cultura até hoje. Observe a imagem abaixo.

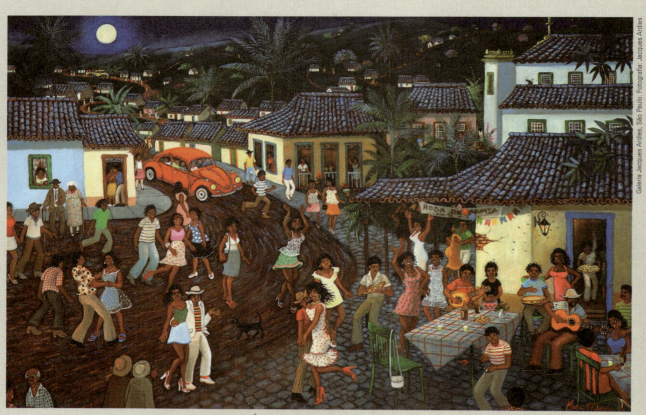

Mara D. Toledo. *Roda de samba*, 2005. Óleo sobre tela.

▶ Quem são as pessoas retratadas na imagem e qual é a dança representada nessa pintura?

▶ Em sua opinião, é possível estabelecer uma relação entre essa dança e a resistência à escravidão? Conte aos colegas.

▶ Como você imagina que os africanos escravizados lutaram por sua liberdade? De que forma eles se organizaram?

Formas de resistência

Quando chegavam ao Brasil, os africanos de um mesmo povo e até de uma mesma família geralmente eram separados uns dos outros. Isso era feito para evitar que se unissem e organizassem revoltas.

Aqui no Brasil, nos locais onde passavam a viver, eles estabeleciam novas relações. Casavam-se, formavam famílias, faziam amigos. E, com o passar do tempo, construíam uma nova **identidade**. Também tentavam preservar as tradições e a cultura de seus povos de origem. Por exemplo, faziam festas e celebravam seus deuses. Essas eram formas de resistir à escravidão.

Os africanos escravizados também organizavam fugas. Sozinhos ou em grupos, homens e mulheres se escondiam nas matas.

Jean-Baptiste Debret. *Tocador de berimbau*, 1826. Aquarela sobre papel. O berimbau é um instrumento trazido da África por pessoas escravizadas.

1 O berimbau é um instrumento comum nas rodas de capoeira, uma prática criada no Brasil pelos descendentes de africanos na época da escravidão. Em sua opinião, é possível relacionar a utilização desse instrumento à resistência dos africanos à escravidão? Explique.

Quilombo de Palmares

Os quilombos eram comunidades formadas por escravizados fugitivos. Estavam localizados em áreas de difícil acesso para evitar que fossem descobertos. Alguns eram simples agrupamentos; outros, verdadeiras cidades.

O maior quilombo do Brasil foi o de Palmares, na serra da Barriga, no atual estado de Alagoas. Ele começou a ser organizado no final do século 16 por escravizados que haviam fugido de um grande engenho de Pernambuco.

Em 1640, Palmares chegou a reunir cerca de 6 mil habitantes, distribuídos entre 11 mocambos, que eram pequenos conjuntos de casas cobertas de folhas de palmeiras.

Para sobreviver, os **quilombolas** cultivavam alimentos, criavam animais e caçavam. Também fabricavam armas, ferramentas e objetos de palha. Muitas vezes, comercializavam os produtos com os habitantes das vilas e dos povoados próximos.

Quilombola: morador do quilombo.

Entre os habitantes dos quilombos não estavam apenas os ex-escravizados. Havia brancos pobres que, até então, não tinham lugar para morar e também alguns indígenas que haviam fugido da escravização.

Essa mistura de povos favoreceu a troca cultural.

George Marcgraf. Representação de torre de vigilância do Quilombo de Palmares, 1665. Gravura.

2 De que forma os quilombolas de Palmares conseguiam alimentos, armas e ferramentas?

3 Em que locais os escravizados fugitivos costumavam se esconder? Por quê?

O fim de Palmares

Para os donos dos engenhos de Pernambuco, o crescimento do Quilombo de Palmares representava um grande perigo. Por isso, Palmares passou a ser atacado a mando desses proprietários de escravizados e do governo de Pernambuco.

O principal líder do quilombo, Ganga Zumba, morreu envenenado em 1680, e seu sobrinho Zumbi passou a liderar Palmares.

Em 1695, o bandeirante Domingos Jorge Velho, com milhares de homens e alguns canhões, derrotou os quilombolas. Zumbi foi capturado e executado em 20 de novembro desse ano. A data de sua morte é hoje um marco simbólico da luta contra o racismo. É o Dia Nacional de Zumbi e da Consciência Negra.

Apresentação de dança durante a Festa de Cultura Afro em homenagem ao Dia Nacional de Zumbi e da Consciência Negra, em Araruama, RJ. Foto de 2015. Você vai conhecer melhor essa comunidade nas páginas 66 e 67.

4 Em sua opinião, celebrar o Dia Nacional de Zumbi e da Consciência Negra é uma forma de lutar contra o racismo? Por quê?

5 No município onde você mora, há eventos no dia 20 de novembro? Você já participou de algum? Compartilhe sua experiência com os colegas.

Processos de regularização abertos
Disponível em: <http://www.incra.gov.br/sites/default/files/incra-processosabertos-quilombolas-v2.pdf>. Acesso em: 5 out. 2017.

Conheça a quantidade de processos em aberto, por estado, para a regularização das terras das comunidades de remanescentes quilombolas. O documento é disponibilizado pelo Instituto Nacional de Colonização e Reforma Agrária (Incra).

A Revolta dos Malês

Os africanos escravizados organizaram diversas rebeliões e uma das maiores foi a Revolta dos **Malês**, que ocorreu em 1835, em Salvador.

Os revoltosos lutaram por sua liberdade e pelo direito de conservar as tradições culturais e religiosas de seus povos. A rebelião foi duramente **reprimida** pelo governo da Bahia. Cerca de setenta escravizados morreram nos confrontos e mais de quinhentos foram presos ou castigados.

> **Malê:** no Brasil, malês eram os africanos escravizados que seguiam o islamismo. O islamismo é uma religião que se baseia nos ensinamentos de Maomé.
> **Reprimido:** contido.

Notícias sobre a rebelião se espalharam pelo Brasil. Isso levou as autoridades a endurecer ainda mais a vigilância sobre os escravizados.

Autoria desconhecida. Representação de sacerdote africano e seguidores do islamismo em Senegal, 1780. Gravura.

6 A identidade de um povo, como o malê, está relacionada a vários aspectos, como a língua, o lugar onde vive e o passado em comum.

   a. Com base na afirmação acima, cite dois fatores que uniram os escravizados na Revolta dos Malês.

   b. Pense em algumas características da identidade de sua comunidade. Lembre-se de aspectos culturais como festas, costumes, etc. Com os colegas, faça uma lista na lousa e, depois, copie-a no caderno.

   c. Em sua opinião, por que a identidade é importante para unir pessoas em torno de um objetivo, como no caso dos diferentes povos africanos que resistiram de várias formas à escravidão?

Registros

Carta sobre Luiza Mahin

Luiza Mahin viveu no Brasil no século 19. Ela teria sido uma das principais lideranças da Revolta dos Malês e, por isso, é reverenciada como símbolo da resistência africana e heroína negra.

O único registro que existe sobre ela foi escrito por seu filho, o poeta Luiz Gama. **Abolicionista**, Luiz Gama fala sobre a mãe em uma carta escrita em 1880 endereçada ao amigo Lúcio de Mendonça. Leia um trecho da carta a seguir.

Abolicionista: pessoa que lutava pelo fim da escravidão.

[...] Sou filho natural de uma negra, africana livre, da Costa da Mina (Nagô de Nação) de nome Luiza Mahin [...].

Dava-se ao comércio — era quitandeira, muito laboriosa, e mais de uma vez, na Bahia, foi presa como suspeita de envolver-se em planos de insurreições de escravos [...]. Procurei-a em 1847, em 1856, em 1861, na Corte, sem que a pudesse encontrar. Em 1862, soube, por uns pretos-minas, que conheciam-na e que deram-me sinais certos que ela, acompanhada de malungos desordeiros [...] em 1838, fora posta em prisão; e que tanto ela quanto seus companheiros desapareceram. [...]

Nagô: povo falante do iorubá, que hoje vive no sudoeste da Nigéria e no sudeste do Benin.
Laborioso: trabalhador.
Insurreição: rebelião.
Preto-mina: indivíduo da nação Mina, de origem sudanesa.
Malungo: companheiro.

Página da carta de Luiz Gama, escrita em 25 de julho de 1880.

Carta de Luiz Gama a Lúcio de Mendonça, 1880. Citada por: Aline N. S. Gonçalves. *Luiza Mahin*: uma rainha africana no Brasil. Rio de Janeiro: Ceap, 2011. p. 14-15.

1 Contorne as informações do trecho da carta de acordo com as cores abaixo.

🟥 Grau de parentesco de Luiz Gama com Luiza Mahin.

🟩 Trabalho que Luiza Mahin realizava.

2 Quais foram as fontes de pesquisa que Luiz Gama utilizou para encontrar registros da mãe?

sessenta e cinco **65**

Pessoas e lugares

A Comunidade Quilombola de Sobara

Hoje, os locais que abrigaram quilombos e são habitados por descendentes de seus antigos moradores são chamados **remanescentes de quilombos** ou **comunidades quilombolas**.

Nesses locais, é comum as pessoas conservarem as tradições e os costumes de seus antepassados. As influências culturais dos povos africanos são bastante visíveis, mas há também marcas de culturas indígenas e cristã.

A Comunidade Quilombola de Sobara, no município de Araruama, Rio de Janeiro, é um exemplo disso.

Reconhecida como remanescente de quilombo pela Fundação Palmares e pela Fundação Euclides da Cunha, essa comunidade aguarda ainda o reconhecimento do governo para a oficialização da posse das terras que ocupa.

Essa comunidade fica na área rural de Araruama e as moradias são distantes umas das outras. Na foto, estrada de terra e moradia que fazem parte da Comunidade Quilombola de Sobara. Foto de 2015.

Um dos principais espaços de lazer das crianças dessa comunidade é a escola. Acima e à esquerda, crianças da Comunidade Quilombola de Sobara brincando nas dependências da escola. Fotos de 2015.

Atualmente, moram na comunidade cerca de 130 famílias descendentes de quilombolas. As crianças estudam na Escola Municipal Pastor Alcebíades Ferreira de Mendonça, a única nesse lugar. Ela oferece aos moradores de Sobara o Ensino Fundamental.

A Escola Municipal Pastor Alcebíades Ferreira de Mendonça realiza, todo ano, comemorações no dia 20 de novembro. Acima, a comunidade reunida na escola para essa festividade. Foto de 2015.

1 O que a Comunidade Quilombola de Sobara está comemorando no dia 20 de novembro?

2 Você já brincou com brinquedos semelhantes aos que foram retratados nas fotos da página ao lado? Como foram essas experiências?

3 Frequentar uma escola próxima da moradia é um direito de todas as crianças e adolescentes. Atualmente, após cursarem o Ensino Fundamental, os jovens da Comunidade Quilombola de Sobara têm de procurar escolas distantes de sua moradia para continuar os estudos. Em sua opinião, como essa situação deveria ser resolvida?

Aprender sempre

1 Observe a imagem, leia a legenda e responda às questões.

a. Quem está sendo procurado?

_____

b. Por que ele está sendo procurado?

_____

c. Segundo o anúncio, qual função essa pessoa desempenhava antes da fuga?

_____

d. Em sua opinião, por que esse anúncio era publicado em jornal?

Anúncio publicado em jornal brasileiro no ano de 1860.

2 Para combater a escravidão, muitos indígenas partiam para os quilombos. Chamados de negros da terra, os indígenas Carijó lutaram contra a situação de escravidão no sudeste e no sul do Brasil, mas acabaram desaparecendo ao longo do século 18. O texto a seguir é sobre a luta deles.

> As fugas, coletivas ou individuais, ofereciam a possibilidade aos negros da terra de escapar às péssimas condições de vida da mineração. Em 1726 foi descoberto um quilombo na [...] temida e pouco explorada Zona da Mata, região próxima à Guarapiranga [atual município de Ponte Nova, MG]. Em 1733, outro quilombo mineiro recebeu a denominação de Carijós. Em que ano este refúgio teria sido fundado e por que recebeu esta designação?

Renato Pinto Venâncio. Os últimos Carijós: escravidão indígena em Minas Gerais (1711-1725). *Revista Brasileira de História*. São Paulo, v. 7, n. 34, 1997. Disponível em: <http://dx.doi.org/10.1590/S0102-01881997000200009>. Acesso em: 5 out. 2017.

a. Sublinhe, no texto, o tipo de trabalho realizado pelos Carijó na situação de escravizados.

b. Que formas de resistência são citadas no texto?

c. Como você responderia à segunda parte da pergunta feita pelo autor do texto? Levante uma hipótese.

3 Observem o mapa a seguir e respondam às questões.

a. Qual estado possui o maior número de áreas de remanescentes de quilombos?

_____

b. No estado onde vocês moram, há comunidades remanescentes de quilombos? Se sim, quantas?

_____

_____

c. Na opinião de vocês, é importante que essas áreas sejam preservadas? Por quê?

Brasil: Áreas de remanescentes de quilombos — 2017

Legenda
1 Número de áreas identificadas como remanescentes de quilombos nos estados

Fonte de pesquisa: Fundação Cultural Palmares. Disponível em: <http://www.palmares.gov.br/file/2017/10/quadro-geral-10-2017.pdf>. Acesso em: 11 out. 2017.

4 Leia o seguinte artigo da Constituição e responda às questões abaixo.

> Art. 68. Aos remanescentes das comunidades dos quilombos que estejam ocupando suas terras é reconhecida a propriedade definitiva, devendo o Estado emitir-lhes os títulos respectivos.

Constituição da República Federativa do Brasil de 1988. Disponível em: <http://www.planalto.gov.br/ccivil_03/constituicao/constituicaocompilado.htm>. Acesso em: 16 jan. 2017.

a. O que a lei garante aos remanescentes de quilombos?

_____

b. Com a orientação do professor, pesquise em jornais, impressos ou digitais, se esse direito está sendo cumprido. Anote suas conclusões no caderno.

CAPÍTULO 7
Mulheres e homens livres dos engenhos

Leia a tira da personagem Chico Bento, de Mauricio de Sousa. Em seguida, leia um trecho de um texto do sociólogo Antonio Candido.

Mauricio de Sousa Produções. *Turma da Mônica*. Chico Bento, 2008.

> [...] a cultura do caipira [...] representa a adaptação do colonizador ao Brasil e portanto veio na maior parte de fora, sendo sob diversos aspectos sobrevivência do modo de ser, pensar e agir do português antigo. [...]
> [...] é preciso pensar no caipira como um homem que manteve a herança portuguesa nas suas formas antigas. Mas é preciso também pensar na transformação que ela sofreu aqui, fazendo do velho homem rural brasileiro o que ele é [...] fruto de uma adaptação da herança portuguesa, fortemente misturada com a indígena, às condições físicas e sociais do Novo Mundo.

Antonio Candido. *Recortes*. Rio de Janeiro: Ouro sobre Azul, 2004. p. 269-270.

▶ Como é o falar de Chico Bento? O que isso indica?

▶ Em sua opinião, além do falar, o que mais caracteriza a cultura caipira?

▶ Segundo Antonio Candido, o que é a cultura caipira? Você concorda com ele?

▶ A palavra caipira é de origem tupi e quer dizer "cortador de mato". Era como os indígenas chamavam os homens livres do campo. Em sua opinião, a palavra caipira ainda tem esse significado? Por quê?

▶ Quais atividades econômicas são realizadas atualmente no campo? No município onde você mora, essas atividades são comuns?

Trabalhadores livres

Nos engenhos, havia um pequeno número de trabalhadores livres. Eram indígenas, ex-escravizados ou portugueses e seus descendentes.

Em geral, eles desempenhavam funções que exigiam especialização ou a confiança do senhor de engenho. Entre esses trabalhadores estavam o feitor, os mestres de açúcar e os artesãos. Havia também um padre que cuidava dos assuntos religiosos, como missas, casamentos e batismos.

Sobre o trabalho dos indígenas, leia o texto a seguir.

> Os índios livres eram empregados em tarefas específicas nos engenhos. [...] Foram encarregados de limpar e consertar o sistema **hidráulico**, trabalhar nos barcos, pescar, caçar e cortar lenha. [...] O acesso aos índios das aldeias permitia aos senhores de engenho concentrar seus escravos nas tarefas fundamentais do fabrico do açúcar [...].

Hidráulico: no texto, movido pela pressão da água.

Stuart B. Schwartz. *Segredos internos*: engenhos e escravos na sociedade colonial. São Paulo: Companhia das Letras, 2005. p. 59.

Johann Moritz Rugendas. *Índios flechando uma onça*, 1830. Óleo sobre tela.

1 Os indígenas livres trabalhavam diretamente na produção do açúcar? Explique.

2 Complete o quadro abaixo com informações sobre os trabalhadores livres nos engenhos.

	Mão de obra livre
Quantidade de trabalhadores	
Origem dos trabalhadores	

O que faziam?

O feitor vigiava os escravizados, forçando-os a trabalhar o máximo possível. Em geral, também aplicava os castigos, sob as ordens do senhor de engenho. Já o mestre de açúcar era responsável pela produção e pela qualidade do açúcar. Ele controlava todo o trabalho de fabricação desse produto.

Entre os artesãos, havia ferreiros, carpinteiros e pedreiros, que faziam a manutenção das construções e dos equipamentos. Os marceneiros criavam os móveis, e os oleiros fabricavam tijolos e telhas. Havia alfaiates para fazer as roupas e sapateiros para confeccionar os sapatos e os arreios dos cavalos.

O feitor e o mestre de açúcar recebiam um salário anual. Os artesãos, em geral, eram pagos por dia ou por tarefa concluída.

3 Observe estas fotos e identifique cada objeto retratado e o tipo de trabalhador livre que possivelmente o produziu.

Peça do século 18.

Peça do início do século 19.

_____

_____

4 As atividades descritas abaixo eram feitas por qual trabalhador livre do engenho?

| Visitar as matas | Mandar limpar os pastos | Mandar consertar as casas |
| Vigiar os escravos | Mandar cercar os canaviais | Dar comida aos escravos |

Fonte de pesquisa: João Fernandes Vieira, 1663. *Fontes para a história do Brasil holandês*. Recife: MEC/Sphan/Fundação Nacional Pró-Memória, 1981. p. 255-262.

_____

Os mascates

Os mascates eram comerciantes que saíam das vilas e cidades do litoral para vender aos moradores dos engenhos diversos produtos, como tecidos, calçados e ferramentas.

Muitos desses produtos eram trazidos da Europa. O texto a seguir, escrito no século 19, aborda como era o trabalho dos mascates.

[..] Os mascates vêm de povoação em povoação, de fazenda em fazenda, trocando suas mercadorias por gado de todo tipo, queijos e couros de bois [...]. Os mascates raramente recebem dinheiro em troca de suas vendas. Aceitam o que lhes oferecem, alugam homens para ajudá-los a conduzir o gado ou o produto das barganhas até o mercado, onde é **permutado** por mercadorias e regressam com elas ao interior. Um ano às vezes se passa numa dessas jornadas [...].

Permutado: trocado.

Henry Chamberlain. *Um mascate e seus escravos*, 1822. Aquarela sobre papel.

Henry Koster. *Viagens ao Nordeste do Brasil*. São Paulo: Companhia Editora Nacional, 1942. p. 214-215.

5 Leia novamente o texto acima, observe a imagem e responda às questões a seguir.

a. O que os mascates vendiam?

b. Eles trocavam suas mercadorias por quais produtos?

c. Os mascates podiam possuir escravizados? Como você chegou a essa conclusão?

A chegada dos holandeses

Os portugueses não foram os únicos europeus a explorar as riquezas do açúcar. Os holandeses também participaram desse lucrativo negócio. Eram eles que refinavam e distribuíam o açúcar na Europa e também pretendiam controlar a produção açucareira.

Os holandeses chegaram à Bahia e ocuparam a cidade de Salvador em 1624. No ano seguinte, as tropas portuguesas conseguiram recuperar o controle da cidade.

Em 1630, os holandeses retornaram e ocuparam Recife e Olinda, em Pernambuco, centros da principal área produtora de açúcar da colônia. O responsável por administrar essa região foi Maurício de Nassau.

Até 1637, os holandeses já tinham estendido seu controle sobre a maior parte das zonas produtoras de açúcar do Brasil, como mostra o mapa.

Fonte de pesquisa: José Jobson de A. Arruda. *Atlas histórico básico*. São Paulo: Ática, 2011. p. 37.

1 Observe o mapa e responda às questões abaixo.

a. Os domínios holandeses foram estabelecidos nas zonas litorâneas ou no interior do continente?

_____

_____

b. Qual era o interesse dos holandeses ao dominar essas áreas da colônia portuguesa?

_____

_____

Reformas urbanas no Recife

Estabelecido no Recife, Maurício de Nassau concedeu empréstimos aos senhores de engenho, reduziu os impostos e garantiu o abastecimento da mão de obra. Essas medidas possibilitaram a expansão da atividade açucareira.

Nassau também mandou construir a **Cidade Maurícia**, na ilha de Antônio Vaz, no rio Capibaribe. Ela seria a capital holandesa no Brasil. No Recife, modificou a vida urbana local: promoveu a edificação de prédios, a pavimentação de ruas, a criação de jardins e realizou obras de saneamento.

Para ligar o Recife à Cidade Maurícia, foram erguidas duas pontes, facilitando a circulação de pessoas e de mercadorias. Somente em 1654, os holandeses foram expulsos do nordeste pelos portugueses.

Detalhe de mapa do Recife que mostra a Cidade Maurícia, 1665.

Vista da ilha Antônio Vaz, a antiga Cidade Maurícia, no Recife, PE. Foto de 2015. Ao centro da imagem, o palácio do Campo das Princesas. À direita dele, o teatro Santa Isabel.

2 Observe o detalhe do mapa do século 17 e localize:

a. O rio Capibaribe.

b. A área construída da Cidade Maurícia.

3 Compare a foto com o mapa e converse com os colegas: Que diferenças vocês percebem entre as duas imagens?

Vamos ler imagens!

O Brasil visto pelos holandeses

A vida cultural na Cidade Maurícia era intensa. Para viver ali, Nassau trouxe muitos artistas, cientistas e pensadores. Eles tinham a missão de estudar e retratar a natureza tropical, bem como as pessoas e os costumes locais.

Um desses artistas foi o pintor holandês Albert Eckhout. Ele viveu no Brasil entre 1637 e 1644. Eckhout procurou registrar a **fauna**, a **flora** e a diversidade dos habitantes locais: indígenas, brancos europeus e negros africanos, além, é claro, dos mestiços, resultado da mistura desses três grupos.

> **Fauna:** a vida animal.
> **Flora:** a vida vegetal.

Observe duas pinturas de Eckhout.

Albert Eckhout. *Mulher tapuia*, cerca de 1641. Óleo sobre tela.

Albert Eckhout. *Mulher **mameluca***, cerca de 1641. Óleo sobre tela.

> **Mameluco:** filho de casal formado por indígena e branco.

Agora é a sua vez

1 Sobre a pintura *Mulher tapuia,* respondam às questões abaixo.

   a. Quando a pintura foi feita? _____

   b. Descrevam a personagem, considerando suas características físicas, vestimentas e elementos que carrega.

_____

_____

   c. Na opinião de vocês, por que a mulher carrega um braço e um pé humanos? O que o pintor quis dizer com essa característica? Levantem hipóteses.

2 Agora, observem a pintura *Mulher mameluca* e respondam às questões.

   a. Quando a pintura foi feita? _____

   b. Descrevam a mulher representada, considerando suas características físicas, vestimentas e os elementos que carrega.

_____

_____

   c. Os mamelucos eram filhos de pais europeus e indígenas. Que elementos da pintura revelam características europeias? E indígenas?

3 Note que o destaque dessas pinturas são os tipos humanos, mas Albert Eckhout se preocupou também em mostrar a natureza tropical.

   ■ Quais elementos da flora e da fauna podem ser identificados nas duas pinturas? Complete o quadro a seguir com essas informações.

	Mulher tapuia	Mulher mameluca
Fauna		
Flora		

Aprender sempre

1 Observe a foto abaixo e responda às questões.

a. Você conhece esses objetos? Escreva o nome deles.

A _____

B _____

C _____

D _____

E _____

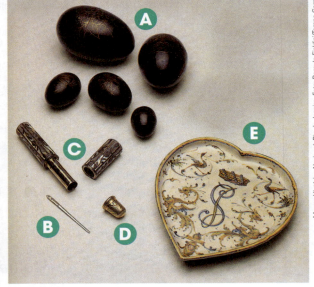

Utensílios de costura do século 19: bolas para costurar meias, agulha, agulheiro, dedal e alfineteiro.

b. No século 19, que trabalhadores provavelmente utilizavam esses objetos? Levante hipóteses.

2 Há mais de quatrocentos anos, os mascates garantem a venda de bens de consumo à população ribeirinha dos rios Pará e Amazonas. Em barcos, chamados regatões, vão às comunidades vender seus produtos, muitos deles industrializados. Leia o texto e responda às questões.

> [...] Estes armazéns flutuantes resistiram ao tempo e continuam até hoje abastecendo as populações ribeirinhas como a principal forma de comércio para localidades mais afastadas dos grandes centros [...]. Diariamente saem embarcações abastecidas de mercadorias diversas dos portos da Palha e do Ver-o-Peso, em Belém, para outros municípios da região. Essa prática pode ser encontrada em outras cidades portuárias da Amazônia, como Macapá e Manaus. Ao que parece, ainda não se encontrou uma forma mais eficiente de atender os moradores desses povoados [...].

Siméia de Nazaré Lopes. Comércio concorrente. *Revista de História da Biblioteca Nacional*, 18 jan. 2011. Disponível em: <http://www.revistadehistoria.com.br/secao/artigos/comercio-corrente>. Acesso em: 17 jan. 2017.

a. Os mascates da época colonial atendiam a quem?

_____

b. E os mascates dos regatões de hoje, eles atendem a qual população?

_____

3 O padre jesuíta André João Antonil chegou ao Brasil em 1681. Ele viveu aqui durante 35 anos e, ao longo desse tempo, registrou importantes informações sobre o cotidiano colonial. Seus escritos foram reunidos e publicados no livro *Cultura e opulência do Brasil*. A seguir, leia um trecho desse documento histórico.

> [...] O ser senhor de engenho é título a que muitos aspiram, porque traz consigo o ser servido, obedecido e respeitado de muitos. E se for, qual deve ser, homem de cabedal e governo, bem se pode estimar no Brasil o ser senhor de engenho, quanto proporcionalmente se estimam os títulos entre os fidalgos do reino. Porque engenhos há na Bahia que dão ao senhor quatro mil pães de açúcar [...].
>
> Servem ao senhor do engenho, em vários ofícios, além dos escravos de enxada e fouce que têm nas fazendas e na moenda, e fora os mulatos e mulatas, negros e negras de casa, ou ocupados em outras partes, barqueiros, canoeiros, calafates, carapinas, carreiros, oleiros, vaqueiros, pastores e pescadores. Tem mais, cada senhor destes, necessariamente, um mestre de açúcar, um banqueiro e um contrabanqueiro, um purgador, um caixeiro no engenho e outro na cidade, feitores nos partidos e roças, um feitor-mor do engenho, e para o espiritual um sacerdote seu capelão, e cada qual destes oficiais tem soldada.

André João Antonil. *Cultura e opulência do Brasil*. 3. ed. Belo Horizonte: Itatiaia; São Paulo: Edusp, 1982. Disponível em: <http://www.dominiopublico.gov.br/pesquisa/DetalheObraForm.do?select_action=&co_obra=1737>. Acesso em: 11 out. 2017.

a. Segundo Antonil, por que muitos gostariam de ser senhor de engenho?

_____

_____

b. Qual é a origem do poder do senhor de engenho?

_____

_____

4 Você estudou que, nos engenhos, os escravizados não recebiam pagamento nem tinham direitos. Já os trabalhadores livres recebiam um pagamento. Porém, não havia uma lei que os protegesse. Hoje, os trabalhadores têm direitos garantidos por lei.

▪ Você conhece algum desses direitos trabalhistas? Em caso afirmativo, cite exemplos. Depois, converse com os colegas: Qual é a importância de existirem leis que garantam direitos aos trabalhadores?

CAPÍTULO 8
Outros trabalhadores livres no campo

Você já viu um carro de boi?

Em alguns municípios do Brasil, como Santo Antônio do Monte, Minas Gerais, há um desfile de carros de boi que acontece anualmente em 13 de junho.

Hoje, esse meio de transporte é pouco usado. Mas já houve um tempo em que era comum ouvir o som da roda de madeira estalando, gemendo, cantando. Usando a força dos bovinos, os carros serviam para transportar cargas, como cana-de-açúcar, nos engenhos.

Carro de boi em Botelhos, MG. Foto de 2015. Em localidades afastadas dos grandes centros urbanos, ainda há a presença de alguns carros de boi. Eles são utilizados para o transporte de pessoas e de produtos agrícolas.

Jean-Baptiste Debret. *Carro de boi transportando carne*, 1822. Aquarela sobre papel.

▶ No município onde você mora, há carros de boi como os que aparecem nas imagens? Eles são chamados dessa forma ou são conhecidos por outros nomes? O que eles costumam transportar?

▶ O carreiro era um trabalhador livre no Brasil colonial. Havia outras pessoas livres trabalhando no campo nesse período? Quem?

O trabalho nas fazendas de gado

Você sabia que, quando os portugueses aqui chegaram, não havia bois nem vacas? Foram eles que trouxeram esses animais para o Brasil.

Inicialmente, o gado foi criado nos próprios engenhos, no litoral. Os bovinos eram utilizados para mover as moendas, transportar a cana, puxar o arado. Além disso, a carne e o leite complementavam a alimentação. Com o couro eram confeccionados arreios, roupas, calçados, chapéus e muitos outros objetos.

Devido à expansão da produção açucareira, e como o solo bom para o cultivo se localizava no litoral, a criação de gado foi deslocada para o interior. Iniciou-se, assim, a ocupação do **sertão**.

Sertão: região pouco povoada do interior e afastada dos centros urbanos.

A criação de gado exigia poucos trabalhadores: o vaqueiro e alguns auxiliares. Entre eles predominavam os trabalhadores livres, mas havia também africanos escravizados.

Frans Post. Representação de moenda de um engenho, 1640. Aguada marrom e sépia.

1 Observe a imagem desta página. Em quais atividades os bois são utilizados? Em que outras atividades eles costumavam ser utilizados nesse período?

2 Sobre a criação de gado no Brasil colonial, respondam às questões abaixo.

a. Por que os bois passaram a ser criados no sertão?

_____

_____

b. Que tipo de mão de obra era empregado na criação de bois?

_____

oitenta e um

Os caminhos do gado na colônia

Foi a partir das áreas canavieiras da Bahia e de Pernambuco que a pecuária se estendeu para o sertão. O gado era criado solto e alimentava-se de pastagens naturais.

Na Bahia, a criação de gado acompanhou o curso do rio São Francisco. Como os **currais** se localizavam às margens do rio, ele ficou conhecido como "rio dos currais". Em Pernambuco, do litoral para o interior, o gado seguiu em direção ao rio Paraíba, e os currais se estenderam até a região do atual estado do Piauí.

Curral: local onde o gado é agrupado e recolhido.

Com o avanço da pecuária, vilas e povoados começaram a se formar no interior do Brasil. Observe o mapa ao lado.

Fonte de pesquisa: Cláudio Vicentino. *Atlas histórico geral e Brasil*. São Paulo: Scipione, 2011. p. 102.

3 A pecuária se expandiu do litoral para o interior, seguindo duas direções. Responda às questões a seguir.

   a. Por que a expansão da pecuária acompanhou o curso de rios?

   _____

   _____

   b. O que aconteceu com as áreas do interior que foram ocupadas pela pecuária?

   _____

   _____

Os missionários e os bandeirantes

Entre as pessoas livres da colônia, havia também padres jesuítas e bandeirantes. Os jesuítas instalaram aldeamentos religiosos, chamados de **missões**, e fundaram colégios para **catequizar** os indígenas.

A princípio, eles criaram esses locais nas vilas e cidades do litoral. Mais tarde, dirigiram-se para o sul e o norte do atual território brasileiro.

Já os bandeirantes organizaram expedições para o interior da colônia. Como vimos, seus principais objetivos eram capturar indígenas e descobrir ouro e pedras preciosas.

Nessa época, os novos territórios estavam divididos entre Portugal e Espanha, como mostra o mapa abaixo. As atividades dos jesuítas e dos bandeirantes contribuíram para expandir as **fronteiras** da colônia portuguesa na América.

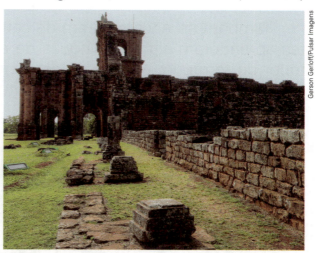

Ruínas de missão jesuítica construída em 1735. São Miguel das Missões, RS. Foto de 2016.

Catequizar: ensinar os princípios de uma religião, neste caso, o cristianismo.
Fronteira: neste caso, limite ou linha divisória entre duas regiões, estados, países.

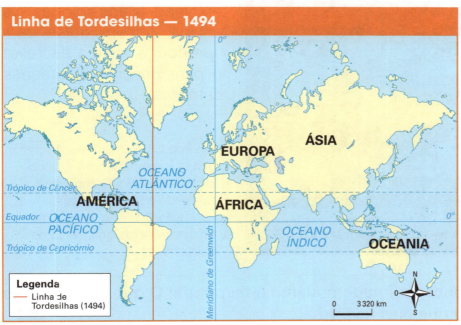

O Tratado de Tordesilhas, assinado em 1494, repartiu, entre portugueses e espanhóis, as terras encontradas ou que viessem a ser descobertas durante as Grandes Navegações. O tratado vigorou até 1750.

Fonte de pesquisa: José Jobson de A. Arruda. *Atlas histórico básico*. São Paulo: Ática, 2011. p. 40.

1 De que maneira jesuítas e bandeirantes contribuíram para a expansão do território brasileiro?

As missões jesuíticas

Desde o início da colonização, no século 16, a Igreja católica tinha presença no cotidiano dos colonos, especialmente pela ação dos jesuítas. Nas vilas e cidades do litoral, eles criaram colégios para a educação dos filhos dos colonos.

Também se encarregaram de catequizar os indígenas. Para isso, os jesuítas aprenderam algumas línguas de origem tupi-gurani e seguiram para o interior do território. Nessas áreas, fundaram grandes povoamentos chamados **missões**. As principais missões se situavam no norte do Brasil, acompanhando o curso do rio Amazonas, e no sul.

Nesses povoados, os indígenas tinham uma rotina de oração e trabalho, que começava bem cedo, pouco antes do nascer do sol. Eles iam às missas, cultivavam a terra, criavam animais, coletavam plantas e fabricavam diversas ferramentas com técnicas de artesanato.

Parte do que coletavam e dos produtos que faziam era vendida aos colonos. Na escola, tinham aulas para aprender a ler e a escrever e para decorar as orações católicas.

Florian Paucke. Representação de indígenas e jesuítas atravessando um rio na região do Chaco, que compreende parte dos atuais territórios do Brasil, da Bolívia, do Paraguai e da Argentina, cerca de 1760. Ilustração.

2 Observe com atenção a imagem acima e responda: O que os indígenas estão fazendo? O que eles levam?

3 Em sua opinião, para os indígenas, viver nas missões e se converter ao catolicismo significava abandonar os costumes e as crenças de seu povo e aceitar os ensinamentos e o modo de vida dos padres? Por quê?

■ As drogas do sertão

A Floresta Amazônica é rica em ervas e especiarias conhecidas como **drogas do sertão**. Entre elas, estão a castanha-do-pará, o cacau, o guaraná e muitas ervas medicinais. As drogas do sertão eram muito valorizadas e vendidas na Europa.

No século 17, enquanto os povos indígenas conheciam mais de três mil plantas que utilizavam como medicamentos, os europeus tinham pouco mais de quarenta tipos de remédios. Nas missões localizadas na Amazônia, os indígenas coletavam as drogas do sertão para os jesuítas, já que eles conheciam muito bem a floresta, as plantas e os usos delas.

4 A ilustração abaixo representa quatro plantas amazônicas, das quais são extraídas drogas do sertão. Na página 145, há imagens desses produtos. Recorte e cole essas imagens nas lacunas corretas.

Castanha-do-pará.   Urucum.   Cacau.   Guaraná.

■ Escolham uma das drogas do sertão retratadas e façam uma pesquisa para descobrir como elas são utilizadas atualmente. Anotem as descobertas no caderno e, depois, leiam para a turma.

Os bandeirantes

Nos séculos 16 e 17, em São Paulo, os colonos tinham um modo de vida diferente do das pessoas que viviam nos engenhos do Nordeste. Nos arredores da vila, eram cultivadas grandes lavouras, especialmente de **trigo**. A farinha de trigo paulista era vendida para toda a colônia. Essas grandes lavouras eram cultivadas por indígenas escravizados.

Para conseguir essa mão de obra, os paulistas organizaram as **bandeiras**, expedições que exploravam o interior da colônia. Além de aprisionarem indígenas, os bandeirantes procuravam ouro e pedras preciosas.

As expedições duravam de seis meses a três anos e podiam reunir de trinta a dois mil homens. Elas eram formadas, em geral, por um ou dois líderes experientes, por outros homens livres e por muitos indígenas (livres e escravizados). Eles caminhavam pelas florestas, seguindo o curso dos grandes rios, abrindo caminho a golpes de facão.

Johann Moritz Rugendas. *Guerrilha*, de cerca de 1835. Gravura. A imagem mostra indígenas em combate contra os bandeirantes.

5 Observe a imagem acima e responda: É possível dizer que os indígenas não resistiram às expedições dos bandeirantes? Explique.

6 Que relação existe entre as lavouras de São Paulo e os bandeirantes?

■ Resistências indígenas

No início, os bandeirantes atacavam as aldeias indígenas próximas da vila de São Paulo. Em razão das lutas contra a escravização, do trabalho penoso nas plantações e das doenças, logo restaram poucos indígenas nos arredores de São Paulo. Com isso, as bandeiras entraram cada vez mais para o interior.

Entre 1628 e 1642, os bandeirantes passaram a atacar as missões dos jesuítas, onde havia grande concentração de indígenas. Milhares deles foram escravizados ou mortos.

Muitos conseguiam fugir e se reorganizar para conter os avanços dos bandeirantes.

Alguns povos chegaram a fazer acordos com os bandeirantes para manter as comunidades em segurança.

Essas estratégias foram muito importantes para garantir a sobrevivência de vários povos indígenas que conhecemos hoje.

Fonte de pesquisa: Cláudio Vicentino. *Atlas histórico*: geral e Brasil. São Paulo: Scipione, 2011. p. 101.

7 Observe o mapa e responda às questões.

a. As bandeiras respeitavam os limites territoriais estabelecidos no Tratado de Tordesilhas? Como isso contribuiu para a ampliação do território da colônia?

_____

_____

b. Observe as setas verdes e a localização das missões. Qual é a relação indicada entre esses dois elementos?

_____

_____

Aprender sempre

1 Leia o texto a seguir. Ele trata da família paulista na época em que diversas bandeiras saíam da vila de São Paulo.

> **Matrimônios** de europeus com as que eles denominavam "negras da terra" originaram as mais antigas famílias paulistas [...].
> Se, por um lado, vestiam-se à europeia, falavam português e eram católicos, por outro, entendiam-se dentro de seus lares nas línguas maternas e mantinham muitos hábitos indígenas e formas de lidar com a natureza. Esse foi o perfil, portanto, das mães e filhas de famílias paulistas no período bandeirista.

Matrimônio: casamento.

Madalena Marques Dias. As bravas mulheres do bandeirismo paulista. Revista *História Viva*, São Paulo, n. 14, p. 90, dez. 2004.

a. Quem eram as "negras da terra"?

b. Quais semelhanças e diferenças você identifica entre a família paulista e a família dos senhores de engenho?

2 Os jesuítas trouxeram muitos aspectos da cultura europeia para o Brasil. Leia o texto abaixo, observe a imagem e responda à questão.

> Por volta do século 18 os jesuítas trouxeram abelhas da Europa [...] para o Brasil. O objetivo era produzir cera para as velas – afinal eram muitas missas para catequizar as pessoas que viviam neste país. Além das colmeias, trouxeram também o conhecimento de como extrair cera e mel [...].

Apicultor em Poconé, MT. Foto de 2016. A apicultura é uma atividade que envolve a criação de abelhas para a extração de produtos como o mel e a cera.

Conheça a história das abelhas nativas do Brasil. Guapuruvu, 10 maio 2015. Disponível em: <http://guapuruvu.eco.br/conheca-a-historia-das-abelhas-nativas-do-brasil/>. Acesso em: 17 jan. 2017.

■ Qual costume europeu trazido pelos jesuítas é abordado no texto? Esse costume ainda existe no Brasil?

_____

_____

3 Observe as imagens e leia as legendas.

Luigi Brizzolara. Representação do bandeirante Fernão Dias Paes Leme, cerca de 1920. Escultura em mármore.

Henrique Bernardelli. *Bandeirante*, século 19. Óleo sobre tela.

a. Em sua opinião, os bandeirantes foram representados como heróis ou como homens comuns? Explique.

_____

b. Pense nas atitudes que os bandeirantes tinham em relação aos indígenas. Eles podem ser considerados heróis? Por quê?

_____
_____

4 Leia o texto abaixo.

> [...] No interior das casas os aposentos eram pouco definidos e as funções se sobrepunham. Não se encontra menção, por exemplo, a um espaço específico para as crianças, ou a certos cuidados especiais com elas no rol dos costumes domésticos [...], nem mesmo com a sua alimentação. [...]

Laura de Mello e Souza (Org.). *História da vida privada no Brasil*. São Paulo: Companhia das Letras, 2002. v. 1. p. 81.

■ Que informações sobre a vida das crianças no período colonial o texto apresenta? E hoje, como é a vida das crianças que você conhece? Todas as crianças, de todos os lugares do Brasil, levam a mesma vida?

CAPÍTULO 9
Trabalhadores livres na região das minas

Você conhece os tipos de trabalho que eram realizados nas cidades brasileiras dos séculos 18 e 19? O texto a seguir, escrito em 1818, aborda o trabalho na cidade de São João del Rei, em Minas Gerais. Já a pintura de Jean-Baptiste Debret retrata alguns tipos de trabalho na cidade do Rio de Janeiro. Leia o texto e observe a pintura.

> Anteriormente a ocupação principal era a lavra do ouro [...]. Hoje, os habitantes da cidade vivem em geral do comércio (pois quase em toda casa, aqui, tem um armazém, ou uma venda) e da lavoura – cujos produtos são o açúcar, o café, o algodão, o milho, a mandioca e um pouco de trigo – e principalmente da criação de porcos. [...] Os produtos mais importantes que se fabricam são rústicos chapéus de lã e tecidos **grosseiros** de algodão [...].

Grosseiro: no texto, significa de má qualidade.

Jean-Baptiste Debret. *Padaria*, 1820-1830. Aquarela sobre papel.

Emanuel Pohl (1818). Em: Silvia Maria Jardim Brügger. *Minas patriarcal*: família e sociedade (São João del Rei – séculos 18 e 19). São Paulo: Annablume, 2007. p. 33.

▶ De acordo com o texto, que trabalhadores livres havia na cidade de São João del Rei? A mineração era a principal atividade econômica nessa época?

▶ Que trabalhadores foram retratados na pintura? Qual é o tipo de comércio representado?

▶ Os trabalhos e as atividades que aparecem no texto e na imagem ainda existem no Brasil? Em caso afirmativo, diga quais.

Crescimento da população urbana

Nos séculos 16 e 17, já existiam diversas vilas e cidades no Brasil, especialmente no litoral. Porém, foi no século 18, com a atividade mineradora, que ocorreu um rápido aumento da população urbana do Brasil.

Atraídos pela descoberta do ouro, moradores de diferentes regiões da colônia, principalmente de São Paulo, partiram para a região das minas. Muitos portugueses também vieram ao Brasil para explorar o ouro.

Assim, as vilas e cidades já existentes cresceram e muitas outras se formaram. Um novo modo de vida começou a se desenvolver nesses locais, exigindo diferentes tipos de trabalhadores. Com a mineração surgiu uma sociedade urbana diferente da açucareira, que era predominantemente rural.

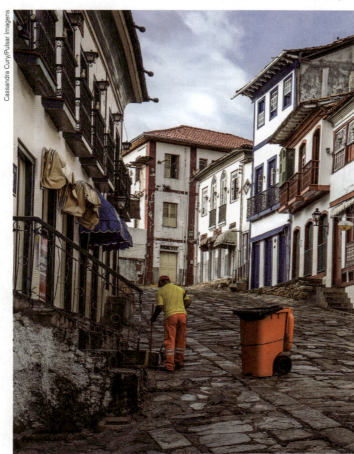

Gari limpando rua com calçamento de pedras no centro histórico de Diamantina, MG, 2015. No século 18, Diamantina chamava-se Arraial do Tijuco e era o centro da área de exploração de diamantes.

1 Observe a imagem acima, leia a legenda e responda às questões:

a. Qual local foi retratado na imagem?

b. De quando é a foto?

c. Cerca de duzentos anos atrás, como devia ser essa cidade? Seria muito diferente do que é hoje? Explique.

d. Atualmente, qual é a principal atividade econômica de cidades históricas como Diamantina?

2 Por que o crescimento urbano no Brasil colonial se intensificou com a mineração?

noventa e um 91

Ofícios urbanos

Nas vilas e cidades, com a riqueza gerada pela mineração, formou-se uma **elite**, um grupo social rico e poderoso formado por donos de minas, funcionários públicos, grandes comerciantes e religiosos. Para atender a esse grupo, instalaram-se na região muitos artesãos, como sapateiros, alfaiates e joalheiros.

Também havia barbeiros e **boticários** para os cuidados de higiene e saúde dos habitantes. Havia ainda donos de pequenas vendas e **modestos** mascates.

> **Boticário:** preparador e vendedor de remédios. Corresponde ao farmacêutico de hoje.
> **Modesto:** sem luxo.

Outros trabalhadores, como ferreiros, pintores, carpinteiros e oleiros, eram necessários na construção de prédios públicos, casas, praças e igrejas. Muitos desses trabalhadores eram ex-escravizados que tinham sido alforriados por seus antigos proprietários ou que haviam comprado a própria liberdade.

Na segunda metade do século 18, destacaram-se também artistas. Eram construtores, entalhadores, pintores e músicos. A gravura abaixo retrata um momento de trabalho dos músicos dessa época.

Edward Hildebrand. Representação de músicos durante procissão religiosa, 1845. Gravura.

3 Que profissionais da região das minas foram retratados nessa imagem? Marque com um **X**.

☐ Pintores. ☐ Mineradores. ☐ Músicos. ☐ Agricultores.

4 Hoje, no município onde você mora, que profissões existem? Dentre elas, há alguma que também era um ofício nas primeiras vilas e cidades do Brasil? Em caso afirmativo, quais?

Problemas nas cidades mineradoras

Com a intensa chegada de pessoas à região mineradora, começaram a surgir diversos problemas urbanos. As vilas e as cidades cresciam desordenadamente, sem planejamento. Ainda não havia uma **infraestrutura** para atender à grande quantidade de pessoas.

> **Infraestrutura:** no texto, é o conjunto de serviços indispensáveis em uma cidade, como sistema de água e esgoto, transporte, energia elétrica, etc.

Um dos primeiros problemas a aparecer foi a falta de alimentos. O rígido controle exercido pelo governo português sobre a atividade mineradora e os elevados impostos cobrados também afetaram a população.

Oscar Pereira da Silva. *Entrada para as minas*, século 19. Óleo sobre tela. Os viajantes que se dirigiam para a região das minas desejavam o enriquecimento.

1 Observe a imagem acima e responda a seguir.

a. Que meio de transporte os viajantes estão utilizando?

_____

b. Descreva as roupas dos viajantes.

2 Imagine que você é um colono que vive em São Paulo no século 17 e está planejando ir para a região das minas. Como você se prepararia para essa viagem? Qual meio de transporte usaria? O que levaria na bagagem? Lembre-se de que, naquela época, não havia carros, trens, aviões, nem hotéis e estradas sinalizadas. Conte sua aventura para os colegas.

A fome

Entre 1697 e 1701, houve uma grave crise de abastecimento na região mineradora. Os poucos alimentos que chegavam não eram suficientes para toda a população. Além disso, eram vendidos a preços altíssimos. A fome tornou-se um problema sério na região.

A falta de alimentos foi resolvida nas primeiras décadas do século 18 com o cultivo de roças de feijão e milho em áreas próximas às minas. Algumas pessoas também passaram a criar porcos e galinhas. Além disso, a região começou a ser abastecida por **tropeiros**.

Tropeiro: comerciante de diferentes áreas do Brasil que transportava alimentos e outros produtos em lombos de mulas.

Do interior da Bahia, os habitantes das minas recebiam gado e farinha de mandioca; de São Paulo, vinham o trigo e a marmelada; do sul, cavalos, bois e mulas; do Rio de Janeiro, artigos europeus, como tecidos, móveis e louças.

Maximiliano de Wied-Neuwied. *Tropeiro de Minas com sua tropa*, 1817. Aquarela e pena.

3 Responda às questões sobre o cotidiano no início do século 18.

a. Por que, no início da mineração, o interesse das pessoas era mais voltado para a mineração do que para o cultivo de alimentos?

_____
_____

b. Esse interesse prejudicou a população que vivia nas vilas e cidades mineradoras? Por quê?

_____
_____

c. As pessoas que se dedicaram ao abastecimento da região das minas tiveram boas oportunidades de negócios? Explique.

O controle do governo português

Todas as pessoas que trabalhavam nas minas deviam obedecer às regras estabelecidas pelo governo de Portugal. Cada mina descoberta devia ser comunicada imediatamente às autoridades.

O local era, então, dividido em lotes, que eram distribuídos entre os interessados. Ao descobridor era dado o direito de escolher dois lotes para explorar e apenas pessoas autorizadas tinham acesso às minas.

Além disso, o governo criou alguns impostos sobre o ouro. O **quinto**, por exemplo, correspondia à quinta parte de todo o ouro encontrado pelo minerador.

Para ter conhecimento da quantidade de ouro extraída e poder cobrar o quinto, Portugal mandou construir as **Casas de Fundição**.

Todo o ouro extraído deveria ser levado a esse local para ser pesado, derretido e transformado em barras, que recebiam o carimbo real. Após esse processo, um quinto do ouro já era retido nas Casas de Fundição como pagamento do imposto.

Os prédios portugueses construídos nas áreas de mineração durante esse período podem ser encontrados até hoje em alguns municípios de Minas Gerais.

Barras de ouro do século 18 com a numeração e o selo real para controle.

Instrumentos do século 18 usados para extrair, fundir, pesar e transportar ouro.

4 Quais foram as medidas tomadas pelo governo português para controlar a exploração das minas?

5 Na página 145, foram representadas barras de ouro. As partes de cor marrom indicam o quinto cobrado pelo governo. Recortem e colem abaixo a figura em que a fração desse imposto está corretamente representada.

🔍 Registros

Casa dos Contos

Este imponente casarão foi construído entre 1782 e 1784. Era a residência do cobrador de impostos da capitania de Minas Gerais, João Rodrigues de Macedo. No andar térreo, ficava o escritório do proprietário, onde ele assinava contratos com mineradores e administrava a arrecadação de impostos. No andar superior, morava sua família e, no subsolo, ficava a senzala.

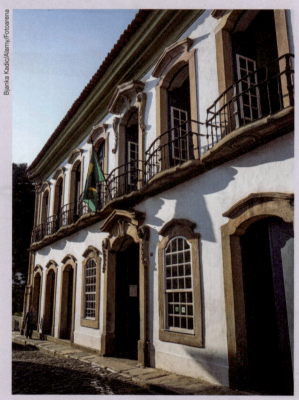

No final do século 18, a casa foi transformada na sede da Administração e Contabilidade Pública da Capitania de Minas Gerais e passou a ser conhecida como Casa dos **Contos**. Esse nome indicava que por ali circulava muito dinheiro. Entre 1820 e 1821, foi construído um anexo à casa, onde passou a funcionar a Casa de Fundição.

Em 1983, o casarão foi restaurado para abrigar um museu. Hoje, nele funcionam o Centro de Estudos do Ciclo do Ouro e o Museu da Moeda e do Fisco.

Vista da Casa dos Contos em Ouro Preto, MG. Foto de 2015.

> **Conto:** 1 conto de réis era o equivalente a 1 milhão de réis. Réis é o plural de real, unidade monetária do Brasil que existiu até 1942.

1 Sublinhe as seguintes informações no texto, de acordo com a legenda abaixo:

- 🟩 Período em que o casarão foi construído.
- 🟫 Motivo pelo qual o casarão ficou conhecido como Casa dos Contos.
- 🟥 Utilidade atual do casarão.

2 No município ou no estado onde você mora, houve atividades relacionadas à mineração? Há vestígios como casarões, minas antigas, monumentos ou objetos desse período? Explique.

Conjuração Mineira

No final do século 18, os colonos mineiros estavam muito descontentes com as práticas do governo português. A principal crítica era sobre os elevados impostos cobrados na região.

Em 1789, um grupo de fazendeiros, mineradores, militares, médicos, advogados, entre outros profissionais, iniciou um movimento em Vila Rica (atual Ouro Preto). O objetivo era tornar Minas Gerais independente de Portugal.

A revolta, conhecida como Conjuração Mineira, seria iniciada no dia da **derrama**. Porém, o plano foi denunciado e seus participantes foram presos. Depois de julgados, quase todos foram condenados ao **degredo** na África. Joaquim José da Silva Xavier, conhecido como Tiradentes, foi executado.

> **Derrama:** cobrança forçada dos impostos atrasados para garantir o rendimento anual de 100 arrobas (unidade de medida de peso equivalente a 14,5 quilogramas) de ouro.
> **Degredo:** exílio; pena de expulsão para outras terras; afastamento obrigatório.

Antônio Parreiras. *Jornada dos mártires*, 1928. Óleo sobre tela. Presos, os participantes da Conjuração Mineira seguem em marcha pela rua.

6 Inconfidência Mineira foi o nome dado pelas autoridades portuguesas à revolta de 1789 em Vila Rica.

a. Pesquise no dicionário os significados das palavras **inconfidência** e **conjuração**. Anote-os no caderno.

b. O que diferencia uma palavra da outra?

c. Podemos ter diferentes versões da história? Explique.

Pessoas e lugares

Os mineradores de São José

Você sabia que, no sudoeste do Pará, em meio à floresta Amazônica, uma comunidade vive da extração do ouro desde a década de 1950?

Essa comunidade vive na vila de São José, em Jacareacanga, Pará, e tem cerca de 1 500 habitantes. Os garimpeiros exploram a riqueza mineral de forma tradicional: utilizam técnicas artesanais para a extração do ouro, com poucas máquinas e sem produtos químicos poluentes.

As famílias que fazem parte dessa comunidade sobrevivem de recursos locais, como a água do rio Tapajós e alimentos da fauna e da flora. Por isso, há grande preocupação da comunidade com a preservação do meio ambiente, que lhes garante o sustento.

Fonte de pesquisa: IBGE Cidades@. Disponível em: <http://cod.ibge.gov.br/TCZ>. Acesso em: 23 jan. 2017.

Às margens dos rios, os habitantes da comunidade da vila de São José, em Jacareacanga, PA, aproveitam para se banhar. Foto de 2013.

A atividade de extração de ouro na vila de São José, em Jacareacanga, PA, é realizada com técnicas artesanais. Foto de 2015.

Instrumentos de trabalho utilizados pelos garimpeiros da vila de São José para calcular a quantidade de ouro extraído e o valor a receber. Foto de 2015.

1 Qual é a principal atividade econômica na vila de São José?

2 Cerca de 56 crianças faziam parte da comunidade da vila de São José em 2016. Que pergunta você gostaria de fazer a elas, para conhecê-las melhor?

3 Os mineradores de São José praticam a extração de ouro utilizando técnicas que não são agressivas ao meio ambiente. Identifique, em seu cotidiano, práticas realizadas em sua comunidade que colaboram para a preservação da natureza.

Aprender sempre

1 Leia o texto a seguir e retome a imagem da página 92.

> [...] Os músicos mineiros, descendentes de africanos em sua imensa maioria, eram bastante admirados. Eram contratados para tocar em festas oficiais e em missas. Seus contratos eram, muitas vezes, anuais. Eram conhecidos por executar com **brilho peças** de autores clássicos europeus, como Mozart e Haendel, em pleno coração da América do Sul. [...]
>
> **Brilho:** no texto, significa talento.
> **Peça:** no texto, significa composição musical.

Alfredo Boulos Júnior. *A capitania do ouro e sua gente*. São Paulo: FTD, 2000. p. 14 (Coleção O Sabor da História).

a. Quem eram os músicos mineiros? Que tipo de música tocavam?

_____

b. Qual era o papel dos músicos na sociedade mineira?

_____

2 Observem a tabela abaixo.

Preço dos alimentos em meados do século 18

Mercadoria	Valor em São Paulo (em réis)	Valor em Minas Gerais (em réis)
1 caixa de marmelada	240	3 600
1 galinha	160	4 000
1 boi de corte	2 000	120 000

Fonte de pesquisa: Affonso Taunay. História geral das bandeiras paulistas. Em: Antonio Mendes Júnior, Luiz Roncari e Ricardo Maranhão. *Brasil História*: texto e consulta. São Paulo: Brasiliense, 1976. v. 1. p. 246.

a. Com base na tabela, citem um fator que contribuiu para o agravamento da fome em Minas Gerais na época da mineração.

_____

b. Contornem de **laranja**, na tabela, o produto mais caro.

c. Pelo preço de uma galinha em Minas Gerais, era possível comprar quantas galinhas em São Paulo?

_____

d. Com base no que você estudou neste capítulo, levante uma hipótese para responder à questão: Por que os preços dos alimentos eram maiores em Minas Gerais?

3 Você estudou que, na época da mineração, o governo português criou impostos sobre o ouro. Hoje, a arrecadação de impostos continua a ser feita em todos os países. Qual é a finalidade da cobrança de impostos?

4 Antônio Francisco Lisboa (1738-1814), conhecido como Aleijadinho, foi um dos principais artistas de Minas Gerais no século 18. Ele trabalhava principalmente como escultor e arquiteto. No meio de sua carreira, o artista desenvolveu uma grave doença que deformou os braços e as pernas. Mesmo assim, ele continuou seu trabalho, realizando grandes esculturas em igrejas. Observe uma de suas obras abaixo.

a. Quais são suas impressões sobre essa escultura? Você gostou dela?

b. Apesar de contrair uma doença que deformou seu corpo, Aleijadinho continuou a trabalhar, tornando-se um dos principais artistas de seu tempo. Hoje, muitas pessoas com deficiência, mesmo enfrentando dificuldades, realizam diversas atividades profissionais e praticam esportes. Os Jogos Paraolímpicos são um exemplo disso. Faça uma pesquisa na internet sobre esse evento e compartilhe as informações com os colegas. Depois, conversem sobre a importância de eventos que promovam a valorização e o respeito às pessoas com deficiência.

Antônio Francisco Lisboa. Detalhe da obra *Profeta Abdias*, parte do conjunto de esculturas *Os doze profetas*, no Santuário Bom Jesus de Matosinhos, em Congonhas, MG. Escultura em pedra-sabão. Foto de 2016.

@ Museu de Ciências da USP
Disponível em: <http://200.144.182.66/aleijadinho/>. Acesso em: 9 out. 2017.

Nesse *link* da mostra "Explorando os 12 profetas de Aleijadinho: uma visita em 3 dimensões", é possível ver com detalhes cada um dos doze profetas, além de ter informações sobre outras obras desse artista.

CAPÍTULO 10

Café: um novo cultivo

O texto abaixo foi publicado no final do século 19 e aborda a produção de café. Leia-o.

> [...] Tio Tomás me colheu. O capataz me viu com indignação cair fora do balaio [...]. Chovia. Depois o sol me secou. Durante dois dias, um rolo [...] me amassou como se quisesse quebrar-me a casca cada vez que me passava por cima. Finalmente, achando que eu estava suficientemente seco, passaram-me pela peneira. [...] Fui arremessado ao ventilador donde saí pronto para ser ensacado [...] Da fazenda para o intermediário na estação, e dali para o Rio [de Janeiro] [...].

As memórias de um grão de café. *O Vassourense*. Citado por: Áurea Pereira da Silva. Engenhos e fazendas de café em Campinas (séc. 18-séc. 19). Disponível em: <http://www.scielo.br/scielo.php?script=sci_arttext&pid=S0101-47142006000100004#back24>. Acesso em: 23 jan. 2017.

- Quem é o narrador do texto?
- Quais etapas da produção do café são citadas no texto?
- De acordo com o que você já estudou, quem possivelmente realizava esse trabalho? Para onde o café era levado?
- Como você terminaria a aventura desse grão de café?
- Você já tomou café? Você gostou? Conhece pessoas que consomem essa bebida?

A cafeicultura

O café é o fruto de uma planta originária da Etiópia, na África. Por volta de 1600, era conhecido na Europa por suas propriedades medicinais e **estimulantes**. Em meados do século 18, os europeus passaram a consumi-lo como bebida.

> **Estimulante:** no texto, representa as propriedades do café em trazer disposição para realizar as atividades do cotidiano.

As primeiras mudas de café foram trazidas ao Brasil em 1727. Primeiro, o café foi cultivado em Belém, no atual estado do Pará, nos quintais e jardins das casas para consumo próprio. Depois, foi plantado no atual estado do Amazonas e também no nordeste. Só em 1773, mudas de café foram levadas ao Rio de Janeiro. Nessa área, o solo e o clima eram propícios ao seu cultivo.

Pés de café. No detalhe, à esquerda, ramo com frutos. No detalhe, à direita, grãos torrados. O cafeeiro tem flores pequenas, brancas, e frutos vermelhos ou amarelos. Depois de secas, torradas e moídas, as sementes dos frutos se transformam em pó de café.

1 O café é uma bebida muito popular no Brasil e em grande parte do mundo. Para confirmar, entreviste os adultos de sua família.

a. Pergunte a cada um se costuma beber café.

b. Anote no caderno o total de pessoas consultadas e quantas responderam que bebem café.

c. Com a ajuda do professor, você e os colegas vão reunir os dados obtidos por toda a turma e conferir o resultado da pesquisa.

A expansão das lavouras de café

Por ser um produto bastante procurado em outros países, o café despertou o interesse dos fazendeiros. No início, sua produção era semelhante à da cana: **monocultura** em grandes propriedades, destinada à exportação, com uso de mão de obra escravizada.

> **Monocultura:** cultivo de um único produto.

No início do século 19, o café foi cultivado com tanto sucesso que o Brasil, pouco tempo depois, se tornou o maior produtor mundial dessa mercadoria.

Em menos de um século, as lavouras cafeeiras se espalharam pelos estados de São Paulo, Minas Gerais e pelo norte do Paraná. O solo fértil e as chuvas favoráveis ao cultivo de café nessas regiões contribuíram para a expansão dessa cultura. Observe o mapa a seguir.

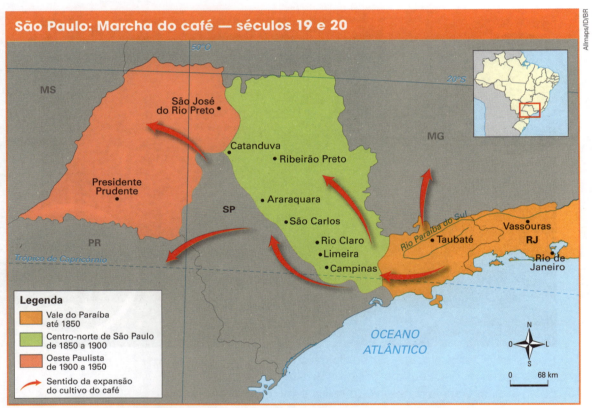

Fonte de pesquisa: *Revista Semanal da Lição de Casa*, São Paulo, Klick, n. 8, p. 10-11, 2000. Encarte do jornal *O Estado de S. Paulo*.

2 Observe o mapa e descreva o "caminho percorrido" pelo café no estado de São Paulo, mencionando os locais e o período.

3 No município onde você mora, houve plantação de café entre os séculos 18 e 19? E atualmente? Se necessário, pesquise em publicações oficiais do município para descobrir.

Do vale do Paraíba para o Oeste Paulista

As primeiras fazendas de café foram instaladas no vale do rio Paraíba do Sul, entre Minas Gerais, Rio de Janeiro e São Paulo. Porém, o intenso cultivo do café, caracterizado pelo desmatamento e pelas queimadas, levou ao **esgotamento do solo** do vale do Paraíba. Com isso, a produção de café foi deslocada para outra região.

Esgotamento do solo: processo de perda de nutrientes do solo, que pode torná-lo infértil.

Os cafezais passaram a ser cultivados em grandes extensões de terras férteis em Campinas, seguindo depois para o centro-norte do estado de São Paulo. No início do século 20, as plantações de café estenderam-se ao Oeste Paulista e, depois, ao norte do Paraná.

O terreno pouco acidentado e o emprego de novas técnicas agrícolas para evitar o esgotamento do solo também contribuíram para o desenvolvimento da cafeicultura nessas áreas.

Johann Moritz Rugendas. *Desmatamento de uma floresta*, 1835. Gravura.

4 Por que o café "marchou" do vale do Paraíba em direção ao Oeste Paulista e a outras regiões? Explique.

5 Observem a gravura acima e respondam às questões a seguir.

  a. Quem são as pessoas retratadas na imagem e o que estão fazendo?

  _____

  _____

  b. Que tipo de problemas ambientais a atividade representada na gravura pode causar? Pesquise em publicações impressas ou digitais e anote suas descobertas no caderno.

O trabalho nas fazendas de café

O trabalho nas fazendas começava com a limpeza da área destinada ao cafezal. Derrubava-se e queimava-se a mata nativa para preparar a terra e plantar. Cerca de quatro anos depois do plantio, podia ser feita a primeira colheita.

Na colheita, os frutos eram apanhados e, depois, peneirados para eliminar terra, pedras, folhas e galhos. Então, eram lavados em tanques e colocados para secar nos terreiros. Por último, os grãos eram socados para remover as cascas e, finalmente, embalados em sacos de **juta**.

> **Juta:** fibra de uma planta usada para confeccionar sacos e outros objetos.

Para realizar essas tarefas, no início, os cafeicultores usaram o trabalho escravo. Porém, em 1850, o tráfico de escravizados para o Brasil foi proibido por lei. Então, em algumas fazendas, os cafeicultores começaram a usar, também, a mão de obra de imigrantes assalariados.

Marc Ferrez. Trabalhadores escravizados em terreiro de uma fazenda de café na região do vale do Paraíba, RJ. Foto de cerca de 1882.

6 Observe a foto acima e responda às questões a seguir.

   a. Que etapa da produção do café ela retrata?

   _____

   b. Que tipo de mão de obra aparece na foto?

   _____

A economia cafeeira

Ao longo do século 19, os brasileiros vivenciaram várias transformações políticas, sociais e ambientais no país. Essas transformações estão associadas principalmente ao sucesso da economia cafeeira.

Na década de 1820, de cada cem sacas de café vendidas no mundo, só dezoito eram de café brasileiro. Quarenta anos depois, o Brasil já era responsável por cerca de metade do café produzido no mundo. Na década de 1880, o país era o principal produtor mundial.

1 Observe os gráficos e responda às questões.

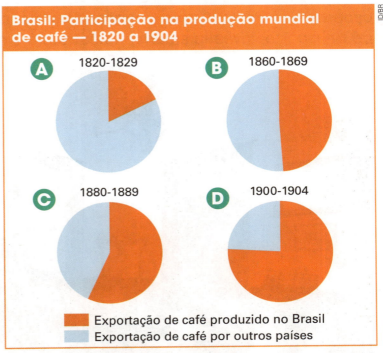

a. Ao longo do século 19, como foi a participação do Brasil na produção mundial de café?

b. O que provavelmente aconteceu com as lavouras de café nesse período?

2 Compare os gráficos **A** e **D** com o gráfico abaixo. Qual é a relação entre eles? Que título você daria ao gráfico abaixo?

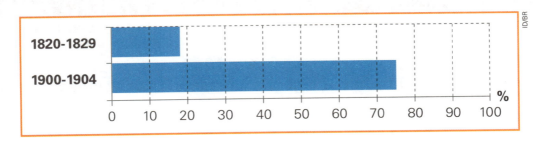

Mudanças no cenário

Será que a sociedade cafeeira era parecida com a que se desenvolveu em torno dos engenhos de açúcar? Havia semelhanças, mas também muitas diferenças.

A propriedade era parecida. Na fazenda, havia a casa-grande, a senzala, a capela, o pomar e a horta para o abastecimento dos moradores, as oficinas e as áreas de cultivo de café. Porém, o cafeicultor e sua família não viviam o tempo todo na fazenda. Ele tinha uma casa na cidade, onde podia negociar a venda do café e se dedicar a outros negócios. Os grandes fazendeiros acumularam riqueza e poder. Aos poucos, passaram a definir as políticas adotadas no país.

A riqueza gerada pelo café trouxe várias mudanças, principalmente na cidade de São Paulo. Casas luxuosas foram construídas, surgiram novos meios de transporte, investiu-se em infraestrutura e o comércio desenvolveu-se.

Sala da sede da fazenda Pinhal, em São Carlos, SP. O local prosperou durante o auge da cafeicultura no século 19. Até hoje o lugar guarda os móveis e a disposição deles no ambiente.

3 Observe a foto acima, leia a legenda e responda às questões.

a. Em sua opinião, a quem pertenceu essa casa? Por quê?

b. Você acha que os móveis da casa são luxuosos ou indicam modéstia? Como você chegou a essa conclusão?

c. Qual é a relação dessa imagem com o cultivo do café?

As estradas de ferro

No início, as sacas de café eram transportadas no lombo de burros e mulas, em caravanas conduzidas por tropeiros. Elas iam do vale do Paraíba aos portos do litoral, principalmente do Rio de Janeiro. As viagens eram muito longas e encareciam o café.

Com a expansão da cafeicultura, o governo e os fazendeiros perceberam que era preciso um meio mais rápido e barato para transportar a produção: as ferrovias. A primeira ferrovia do Brasil foi inaugurada em 1854. Ela ligava o porto de Mauá, na baía de Guanabara, a Fragoso, perto de Petrópolis.

Em 1855, a Estrada de Ferro Dom Pedro II (atual Central do Brasil) começou a ser construída, unindo as cidades do Rio de Janeiro e de São Paulo. Outras ferrovias foram construídas, a maioria no estado de São Paulo.

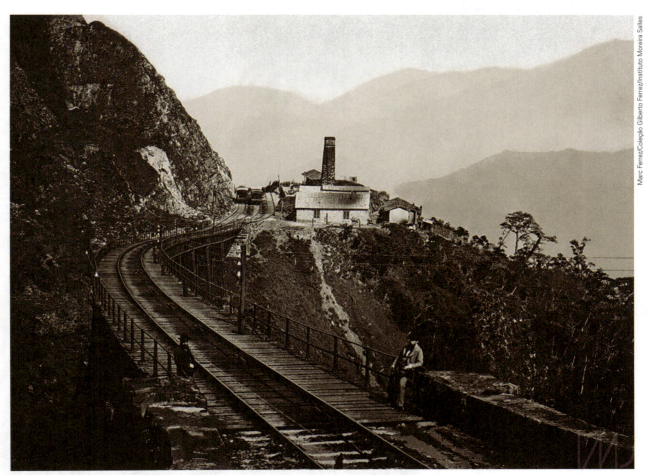

Marc Ferrez. Ferrovia São Paulo Railway, que ligava o interior de São Paulo ao porto de Santos. Foto de 1876.

4 O que é possível concluir sobre os locais escolhidos para a construção das primeiras ferrovias no Brasil?

5 Qual foi a importância das ferrovias na expansão da economia cafeeira?

Vamos ler imagens!

Pinturas sobre os trabalhadores do café

O trabalho dos escravizados no Brasil foi representado por diversos artistas dos séculos 18 e 19 e até mesmo por aqueles que não viveram na época em que essa era a principal mão de obra do Brasil.

Esses registros são importantes documentos para conhecermos melhor o passado escravista do nosso país.

Agora, vamos comparar duas imagens sobre a escravidão nos tempos do café. Você vai ver como um mesmo tema pode ser retratado de diferentes maneiras, em diferentes épocas.

Johann Moritz Rugendas. *Colheita de café na Tijuca*, 1835. Gravura.

Candido Portinari. *Café*, 1935. Óleo sobre tela.

Agora é a sua vez

1 Observe as imagens da página anterior e responda às questões a seguir.

a. Qual é o tema retratado nas imagens?

_____

b. Quais cores predominam em cada imagem? Associe os conjuntos de cores às letras **A** e **B**, de acordo com a imagem.

☐ Marrom, branco e bege.   ☐ Amarelo, verde e dourado.

c. Qual é a diferença de tempo entre as obras?

_____

_____

2 Observe, nas imagens, o modo como os trabalhadores foram retratados.

a. Que tipo de mão de obra retratada predomina nas duas imagens? Como as figuras humanas são apresentadas?

_____

_____

b. Como são as vestimentas dos trabalhadores em cada imagem?

_____

_____

c. Quais ferramentas de trabalho foram retratadas? Os trabalhadores utilizam equipamentos de segurança?

_____

_____

d. Qual teria sido a intenção de Portinari ao representar as figuras humanas dessa forma? Levante uma hipótese.

3 Portinari pintou a obra *Café* muito tempo depois da abolição da escravidão (1888), diferentemente de Rugendas. Em sua opinião, o artista precisa estar presente nas cenas que retrata? Por quê?

cento e onze **111**

Aprender sempre

1 Leia o texto a seguir e responda às questões abaixo.

> No final do século 18, o tráfico negreiro estava mais ou menos estacionado, mas o desenvolvimento das lavouras cafeeiras nas primeiras décadas do século 19 provocou um grande aumento na chegada de escravos. [...] Entre 1840 e 1850, calcula-se que desembarcaram no Brasil uma média de 40 mil escravos [por ano], e só no ano de 1848 entraram no porto do Rio de Janeiro 60 mil cativos.

Antonio Carlos Robert Moraes. *A fazenda de café*. São Paulo: Ática, 2003. p. 21.

a. Como era o comércio de africanos escravizados no final do século 18? E no início do século 19?

_____

_____

b. Qual foi o motivo dessa alteração?

_____

_____

c. A partir de 1850, o número de africanos escravizados que entraram no Brasil diminuiu muito. Qual evento político explica isso?

2 Complete o quadro abaixo com informações sobre a produção de café no Brasil ao longo do século 19.

	Vale do Paraíba	Oeste Paulista
Período		
Meio de transporte do café até os portos		
Mão de obra predominante		
Condições ambientais e organização da produção cafeeira		

3 Atualmente, como é a produção de café no Brasil? Faça uma pesquisa sobre o assunto em publicações impressas ou digitais e complete a ficha da página 149 com texto e imagens. Ao final, exponha seu trabalho no mural da sala de aula.

4 Observem a imagem e respondam: Que elementos da foto são exemplos das mudanças trazidas pela economia cafeeira à cidade de São Paulo?

Palacete do século 19 pertencente ao cafeicultor Henrique Santos Dumont, em Campos Elíseos, na cidade de São Paulo. Foto de 1900.

---

5 Leia o texto e, depois, responda às questões.

> Quem vê as imponentes árvores na floresta da Tijuca [...] pode não imaginar que [...] a floresta era dominada por [...] plantações de cana e café [...].
> [...] A marcha do café consumia à exaustão as terras [...]. [...] como causa direta do desmatamento contínuo, houve uma crise no abastecimento de água que deixou a cidade do Rio de Janeiro na seca em 1843. [...]
> A falta d'água foi associada à derrubada das árvores e dom Pedro II baixou um decreto para tentar contornar a situação. Estava ordenado o plantio de novas mudas a partir das margens das nascentes dos rios e a preservação das já existentes na floresta da Tijuca. [...]

Duda Menegassi. O reflorestamento de um patrimônio. *O Eco*, 17 dez. 2012. Disponível em: <http://www.oeco.org.br/especiais/todos-os-caminhos-da-transcarioca/26758-o-reflorestamento-de-um-patrimonio>. Acesso em: 12 dez. 2016.

a. Em 1843, o que aconteceu com o abastecimento de água na cidade do Rio de Janeiro?

b. Como esse problema foi solucionado?

c. Atualmente, há várias formações vegetais em risco de extinção no Brasil, como o Cerrado. Em sua opinião, é possível recuperá-las do mesmo modo como foi recuperada a floresta da Tijuca, em 1843? De que forma?

CAPÍTULO 11
Da escravidão ao trabalho assalariado

Em 1888, a escravidão terminou oficialmente no Brasil. No entanto, durante muito tempo, os negros ficaram impossibilitados de exercer a cidadania de modo pleno.

Um dos resultados históricos disso é a desigualdade social enfrentada ainda hoje pela população negra no Brasil.

Por isso, a luta pelo fim da desigualdade social continua. Já houve muitas conquistas nesse sentido, mas ainda temos de avançar.

Observe o cartaz.

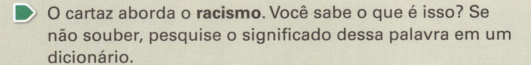

Cartaz de campanha contra o racismo, no Sistema Único de Saúde (SUS), lançada pelo Ministério da Saúde em 2014.

▷ O cartaz aborda o **racismo**. Você sabe o que é isso? Se não souber, pesquise o significado dessa palavra em um dicionário.

▷ Você considera correto que alguém seja maltratado por causa da cor da pele ou do tipo de cabelo? Por quê?

▷ Imagine que você presenciasse ou fosse alvo de uma cena de racismo. O que você faria nessa situação?

Em direção ao fim da escravidão

A escravidão no Brasil durou mais de três séculos, desde o início da colonização até 1888. Mas como esse tipo de trabalho foi abolido?

No século 19, alguns países europeus, tanto por motivações econômicas quanto humanitárias, tinham interesse em pôr fim ao trabalho escravo.

A Inglaterra, por exemplo, já tinha abolido a escravidão em seus domínios e isso fez com que o açúcar produzido nas Antilhas inglesas se tornasse mais caro que o açúcar brasileiro. Esse foi um dos principais motivos que levaram a Inglaterra a pressionar o Brasil pelo fim da escravidão.

Em 1845, o Parlamento da Inglaterra chegou a aprovar uma lei que permitia à marinha inglesa aprisionar qualquer navio negreiro. Em 1850, o governo brasileiro cedeu à pressão dos ingleses e extinguiu o tráfico de escravizados com a **Lei Eusébio de Queirós**.

Internamente, havia a pressão abolicionista apoiada por parte da elite intelectual e política do Brasil, além de movimentos organizados por grupos de escravizados e de alforriados.

Brasil: Entrada de africanos escravizados — 1842 a 1852

Ano	Número de escravizados
1842	17 345
1844	22 849
1846	50 324
1848	60 000
1850	23 000
1852	700

Fonte de pesquisa: Maurício Goulart. *A escravidão africana no Brasil*. São Paulo: Alfa-Ômega, 1975. p. 270-271.

1 Observem os dados da tabela ao lado e respondam às questões abaixo.

a. O que aconteceu com o número de africanos escravizados trazidos para o Brasil entre 1842 e 1848? Por que isso ocorreu?

_____

_____

_____

b. E o que houve com esse número entre 1850 e 1852? Que medida do governo brasileiro pode ter influenciado esse número nessa época?

_____

_____

Leis abolicionistas

Depois da aprovação da Lei Eusébio de Queirós, o movimento favorável ao fim da escravidão se intensificou. Jornalistas, médicos, advogados, artistas, escritores e políticos denunciavam os horrores do sistema escravista em passeatas, obras literárias, artigos de jornal e panfletos. Muitos deles eram descendentes de africanos.

Entre as pessoas escravizadas, multiplicavam-se as revoltas e as fugas para os quilombos.

As crescentes pressões do **movimento abolicionista**, como ficou conhecido, levaram à criação de algumas leis.

- **Lei do Ventre Livre (1871)** – Os filhos de mulheres escravizadas que nascessem a partir dessa data seriam considerados livres, mas deviam continuar com os senhores até completar 21 anos.
- **Lei dos Sexagenários (1885)** – Garantia liberdade às pessoas escravizadas que tivessem mais de 60 anos de idade. Essa lei teve pouco efeito, pois a maioria dos escravizados não chegava a essa idade.

François-Auguste Biard. *Fuga de escravos*, 1859. Óleo sobre tela.

2 Observe a imagem acima, leia a legenda e responda: Que tipo de resistência à escravidão ela representa?

3 Em sua opinião, as leis do Ventre Livre e dos Sexagenários beneficiaram mais os escravizados ou os senhores? Por quê?

▪ Lei Áurea

Somente em 13 de maio de 1888 foi assinada a lei que pôs fim à escravidão no Brasil. Chamada de Lei Áurea, ela foi assinada pela princesa regente do Brasil naquela época, Isabel de Bragança. Leia a seguir um trecho do documento.

> A Princesa Imperial Regente, em nome de Sua Majestade, o Imperador, o Senhor D. Pedro II, faz saber a todos os súditos do Império que a Assembleia Geral decretou e ela sancionou a lei seguinte:
> Artigo 1º – É declarada extinta desde a data desta Lei a escravidão no Brasil.
> Artigo 2º – Revogam-se as disposições em contrário. [...]

Lei n. 3353, de 13 de maio de 1888. Presidência da República. Casa Civil. Disponível em: <http://www.planalto.gov.br/ccivil_03/leis/lim/LIM3353.htm>. Acesso em: 23 out. 2017.

Mesmo após a abolição oficial da escravidão, alguns grupos continuaram a ser mantidos como escravizados nas fazendas.

O governo não ofereceu assistência às populações que se tornaram livres. Sem garantia de emprego, moradia e alimentação, foi muito difícil a essa população sobreviver. Além disso, esses trabalhadores enfrentavam o preconceito racial.

Por conta própria, os recém-alforriados tiveram de criar estratégias para garantir a sobrevivência. A organização de grupos e associações negras que visavam ajudar as comunidades libertas foi essencial nesse processo. Isso ressalta a ausência de políticas públicas para a acolhida dessas populações e sua integração na sociedade livre.

Impresso publicado no início do século 20 que faz alusão à Lei Áurea.

4 Observe a imagem desta página. Como a abolição da escravidão no Brasil foi representada? Com base no que você estudou, essa representação corresponde à realidade do processo pelo fim da escravidão? Explique.

Chegam os imigrantes

Os imigrantes europeus começaram a chegar ao Brasil na primeira metade do século 19, para ocupar o Sul do país. Com a expansão da cafeicultura no Oeste Paulista, uma nova leva de imigrantes chegou para trabalhar nas fazendas de café. Esse movimento aumentou com o fim da escravidão. Porém, é importante ressaltar que o trabalho assalariado e o trabalho de escravizados existiram no Brasil ao mesmo tempo e essa situação se intensificou durante o século 19.

A maior parte dos imigrantes vinha da Europa: eram portugueses, espanhóis, italianos, alemães, entre outros. Eles saíam do país de origem devido a dois fatores principais: dificuldades econômicas e conflitos.

No Brasil, esses imigrantes tinham o sonho de obter melhores condições de vida. Para isso, estavam dispostos a trabalhar nas lavouras de café e onde mais fosse necessário.

Para atrair a mão de obra imigrante, principalmente de origem europeia, o governo brasileiro criou algumas campanhas no exterior. Por meio de folhetos, cartazes e exposições, passava-se a ideia de que o Brasil era um país de fartura, cheio de riquezas naturais e sem guerra.

No século 19, na Itália, muitos desempregados procuravam o órgão responsável pela emigração. Foto de cerca de 1900.

1 Em sua opinião, por que as oportunidades de trabalho no Brasil interessavam aos europeus?

2 Você já pensou em morar em outro país? Por quê? Conte aos colegas os motivos que levariam você a sair do Brasil.

O trabalho nas fazendas

Os estrangeiros que chegavam ao Brasil eram encaminhados para as hospedarias de imigrantes. As principais ficavam em grandes cidades do Espírito Santo, Minas Gerais, Pará, Rio de Janeiro, Santa Catarina e São Paulo.

O desembarque e a acolhida em uma hospedaria variavam de acordo com o local onde ficavam as terras dos fazendeiros que contratariam os imigrantes. Na hospedaria, eles já assinavam os contratos de trabalho e rumavam para as fazendas.

Nas lavouras de café, homens, mulheres e muitas vezes crianças cumpriam jornadas exaustivas, de 10 a 14 horas de trabalho. E as mulheres também eram responsáveis por cuidar dos alojamentos e dos filhos.

As duras condições nas fazendas levaram muitos imigrantes a voltar para seus países. Outros escolheram migrar para as cidades, trabalhando como sapateiros, costureiros, marceneiros, etc. E alguns optaram pelas áreas portuárias, onde trabalhavam como carregadores e ensacadores de café.

Imigrantes trabalhando na colheita de café em Araraquara, interior de São Paulo. Foto de cerca de 1902.

3 Quais tipos de trabalho os imigrantes exerciam nas cidades?

_____

_____

4 Em sua opinião, cumprir muitas horas de trabalho pode ser prejudicial para a vida do trabalhador? Por quê?

Os sistemas de trabalho

A relação de trabalho entre imigrantes e quem os contratava variou ao longo do tempo.

O primeiro sistema de trabalho vigorou até cerca de 1850 e foi chamado de **parceria**, pois os trabalhadores recebiam uma parte do dinheiro do café que cultivassem para os fazendeiros. Porém, o valor que os imigrantes recebiam ao final da produção era muito baixo.

Isso ocorria porque eles precisavam pagar ao fazendeiro tudo o que deviam a ele. Essa dívida era bem alta, já que nela eram cobrados: os custos da viagem ao Brasil, os empréstimos realizados para se manter até o início da produção e os gastos feitos no armazém da fazenda, onde compravam alimentos, remédios, ferramentas, etc. Nesse sistema, os trabalhadores ficavam presos à fazenda até pagarem a dívida.

Essa situação gerou uma propaganda negativa, na Europa, sobre as condições de trabalho no Brasil. Além disso, os imigrantes que estavam aqui reivindicavam melhorias em suas situações.

Em resposta a esses anseios e para conter a propaganda negativa, em 1871, o governo paulista propôs o **colonato**. Nesse novo sistema de trabalho, o governo passou a pagar as passagens dos imigrantes.

Nas fazendas, eles cultivavam uma quantidade determinada de pés de café em troca de um salário anual fixo e de uma parte da colheita. Eles também podiam plantar alimentos, como milho e feijão, e criar animais para o consumo da família e para venda.

Moradias construídas por imigrantes europeus em Santa Leopoldina, ES. Foto de 1877.

5 Explique as diferenças entre o sistema de parceria e o de colonato.

_____
_____
_____

Registros

O Museu da Imigração

A Hospedaria dos Imigrantes de São Paulo foi construída entre 1886 e 1888, na cidade de São Paulo, para registrar e receber os imigrantes. Ali, eles ficavam acomodados e faziam as refeições até serem contratados pelos fazendeiros.

A hospedaria funcionou até a década de 1970. Em 1982, parte do edifício foi **tombada** como patrimônio histórico-cultural. No espaço, passou a funcionar o Memorial da Imigração.

Hoje, o local abriga o Museu da Imigração, criado em 1998 para reunir, preservar, documentar e pesquisar a história da imigração no Brasil.

Tombado: área, edifício ou objeto que, devido a seu valor histórico e ao interesse público, ficam sob a proteção do governo, que deve conservá-los.

Imigrantes no pátio central da Hospedaria dos Imigrantes de São Paulo. Foto de cerca de 1890.

Exposição sobre os direitos humanos realizada em 2016 no Museu da Imigração, antigo prédio da Hospedaria dos Imigrantes de São Paulo.

1 Qual era a função da hospedaria até a década de 1970? Essa função é a mesma nos dias de hoje?

2 Qual é a importância de preservar os objetos reunidos no Museu da Imigração?

A crise do café

A produção de café para a exportação, isto é, para ser vendido em outros países, trouxe muitos lucros ao Brasil. Isso favoreceu o crescimento econômico do país.

Porém, em 1929, uma crise econômica mundial afetou a comercialização de vários produtos, incluindo o café. Bancos fecharam, indústrias faliram e muitas pessoas ficaram sem emprego.

Vários países deixaram de comprar o café brasileiro e milhares de sacas ficaram armazenadas em depósitos. Essa situação fez com que o preço do café diminuísse. Para conter a desvalorização e o prejuízo dos produtores, o governo brasileiro comprou dos fazendeiros muitas toneladas de café e mandou queimá-las. Assim, haveria menos café disponível no mercado e o preço voltaria a subir.

Apesar dessa medida, muitos fazendeiros foram atingidos pela crise. Houve demissões em massa nas fazendas de café e muitos imigrantes ficaram sem emprego.

Trabalhadores realizando a queima do café em Santos, SP, 1930. Cerca de 78 milhões de sacas de café foram destruídas pelo governo.

1 Qual medida o governo brasileiro tomou para diminuir os impactos negativos da crise econômica mundial na exportação do café?

_____

_____

_____

Migração para as cidades

A crise econômica não afetou apenas os grandes fazendeiros e os imigrantes e suas famílias, mas também outros grupos da sociedade brasileira.

Muitos trabalhos desenvolvidos nessa época estavam relacionados à exportação de café. Por exemplo, o trabalho de ensacadores e **estivadores** de café, comerciantes, cozinheiros, carroceiros, dentre muitos outros, deixaram de ser requisitados nas áreas portuárias, já que não havia café para embarcar nos navios.

Estivador: profissional responsável por organizar adequadamente as mercadorias que serão embarcadas ou desembarcadas nos navios.

A situação nas lavouras não era muito diferente e, por isso, grandes quantidades de trabalhadores rurais começaram a migrar para as cidades em busca de emprego. O relato a seguir aborda a experiência de migração de Hilário Burri, nascido em Santo Antônio do Pinhal, São Paulo.

> Meus avós eram italianos, estavam cansados de sofrer na Itália, então vieram procurar algo novo. Contavam que eles vieram aqui porque era o **Eldorado** naquela época, vieram aqui e não era nada daquilo. Então mandaram tudo pro cafezal [...]. [...]
>
> Fiquei no [Santo Antônio do] Pinhal até 25 anos, quando fui pra Jaú. [...] Naquele tempo era só o trem, a Linha da Paulista. [...] A fazenda era boa pro patrão, como sempre. Era uma vida muito dura [...]. [...] Para São Paulo veio meu irmão [...]. Ele arrumou tudo [...]. Você imagine, descer na estação da Luz. Vem lá do mato, a estação da Luz foi fora de série. Daí pegamos um bonde [...]. Fui trabalhar [...] como servente de pedreiro. [...] Tinha um italiano [...]. Daí esse italiano era muito amigo do outro, falou: "Hilário, você vai vender a manteiga que o Maquenga está encalhado" "Mas como? Eu não sei vender manteiga [...]". Ele falou: "Não, você vai". E foi. E deu certo. Eu vendi toda a manteiga do homem, toda.

Eldorado: lugar lendário que seria cheio de riqueza e prosperidade.

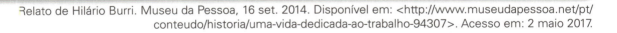

Relato de Hilário Burri. Museu da Pessoa, 16 set. 2014. Disponível em: <http://www.museudapessoa.net/pt/conteudo/historia/uma-vida-dedicada-ao-trabalho-94307>. Acesso em: 2 maio 2017.

2 De acordo com o relato, responda no caderno:

a. O senhor Hilário é descendente de imigrantes? De que lugar?

b. Que meios de transporte ele utilizou para chegar a uma cidade e se locomover nela?

c. Que tipo de trabalho era realizado pela família do senhor Hilário na fazenda? E que tipos de trabalho ele desenvolveu na cidade?

Os imigrantes nas cidades

Nas cidades, os imigrantes trabalhavam, principalmente, nas indústrias e no comércio. Alguns conseguiram abrir pequenos negócios, oferecendo seus serviços como sapateiros, padeiros, alfaiates, barbeiros ou pedreiros. Outros se tornaram grandes comerciantes e industriais.

De norte a sul do Brasil, as comunidades de imigrantes puderam deixar suas marcas culturais. Com o passar do tempo, os costumes dos imigrantes misturaram-se e incorporaram-se à cultura brasileira.

Esses costumes podem ser vistos, por exemplo, na culinária, em festas típicas, na arquitetura, em manifestações religiosas, em cantigas e histórias, nas brincadeiras, nas formas de falar e até de se relacionar com a família. Veja alguns exemplos.

A *paella* é um prato típico espanhol feito com frutos do mar, arroz e especiarias. Atualmente, ele pode ser consumido em vários lugares do Brasil.

Construções em estilo enxaimel, típico da arquitetura alemã, podem ser encontradas em Blumenau, SC. Foto de 2016.

Apresentação de dança típica italiana na Festa da Polenta, em Venda Nova do Imigrante, ES. Foto de 2015.

1 Existe algum exemplo da presença de imigrantes no município onde você vive? Em caso afirmativo, qual?

2 Em sua família, existem imigrantes ou descendentes de imigrantes? Em caso afirmativo, conte aos colegas qual é o país de origem de seus familiares e os costumes que preservam. Caso não possua, você gostaria de conhecer imigrantes de outros países? De quais? Por quê?

Operários: o trabalho nas fábricas

A maioria dos imigrantes nas cidades trabalhava nas indústrias, isto é, eram **operários**. Eram pessoas livres, assalariadas e submetidas a uma rígida disciplina dentro das fábricas. A presença de imigrantes brancos prejudicou ainda mais a situação dos trabalhadores afrodescendentes nas cidades. Por causa do preconceito racial, muitos empregadores preferiam a mão de obra europeia.

Quando conseguiam o emprego, os operários estavam sujeitos a difíceis condições, como longas jornadas de trabalho, que podiam chegar a 15 horas diárias. Recebiam baixos salários, que eram ainda menores para mulheres e, inclusive, crianças. Atrasos, faltas e quebra de máquinas geravam punições com multa ou até castigos físicos. Naquela época, esse tipo de punição era muito comum, como na época da escravidão.

O trabalho infantil era permitido e não existiam leis que garantissem direitos aos trabalhadores. Não havia descanso semanal nem férias. As condições dos locais de trabalho eram péssimas. Por isso, os operários ficavam doentes com frequência.

Operários de uma metalúrgica mostram instrumentos de trabalho, em Caxias do Sul, RS. Foto de 1907.

3 Observe a foto acima. Nela, há algumas crianças que são trabalhadoras de uma fábrica.

a. Se essa imagem fosse atual, os direitos das crianças estariam sendo respeitados? Por quê?

b. Infelizmente, no Brasil, ainda ocorre o trabalho infantil. Em sua opinião, o que poderia ser feito para mudar essa situação?

Aprender sempre

1 Observe a foto, leia a legenda e responda às questões abaixo.

a. Por que podemos afirmar que os homens retratados nessa foto são trabalhadores escravizados?

_____

b. Quando era alforriado, uma das primeiras medidas do trabalhador ex-escravizado era comprar sapatos. O que isso simbolizava para ele?

_____

_____

Militão Augusto de Azevedo. Trabalhadores escravizados. Foto de 1879. Pelos pés, é possível identificar a condição social das pessoas nessa imagem. Somente as pessoas livres podiam usar calçados.

2 Leia o texto a seguir, que apresenta memórias de uma menina negra que cresceu nas primeiras décadas do século 20.

> Quando os pretos falavam: – Nós agora, estamos em liberdade – eu pensava: "Mas que liberdade é esta se eles têm que correr das autoridades como se fossem culpados de crimes? [...]
> [...]
> Os oito filhos do meu avô não sabiam ler. [...] O meu avô tinha desgosto porque os seus filhos não aprenderam a ler, e dizia:
> – Não foi por relaxo da minha parte. É que na época que os filhos deveriam estudar, não eram **franqueadas** as escolas para os negros. [...]

Franqueado: permitido.

Carolina Maria de Jesus. *Diário de Bitita*. Rio de Janeiro: Nova Fronteira, 1986. p. 56-57.

a. Que problemas enfrentados pela população negra são apresentados nesse relato? Contorne os trechos do texto que comprovam sua resposta.

b. Em sua opinião, esses problemas podem ser relacionados ao processo de abolição da escravidão? Por quê?

c. Ainda hoje, as estatísticas indicam salários inferiores e condições precárias de moradia entre a população negra do Brasil. Em sua opinião, há relação entre a escravidão e os problemas atuais que a população brasileira negra enfrenta? O que é necessário para modificar essa situação?

3 Leia o depoimento abaixo e responda às questões a seguir.

> Aqui na Alemanha ainda não deu certo um emprego na minha área. Mas continuo tentando. [...]
> Sinto muitas saudades. Meus pais voltaram para o Brasil há nove anos e deixaram um "buraco" enorme. Mas por questão de sobrevivência, é preciso se acostumar. [...]
> O que eu posso dizer para quem pensa em vir morar aqui é que venha, mesmo que seja por amor, sem idealizar o país. A Alemanha é um país com gente de carne e osso, cheios de defeitos e qualidades, como em qualquer outra parte do mundo.

Claudia Bömmels, imigrante brasileira que mora na Alemanha desde 2008. Em: Mirella Matthiesen. Claudia na Alemanha. Entrevistando expatriados, 15 maio 2013. Disponível em: <https://expatriados.wordpress.com/2013/05/15/claudia-na-alemanha/>. Acesso em: 23 jan. 2017.

a. Quem é a autora do depoimento? Quando ele foi escrito?

_____

b. Qual é o país de origem da imigrante? E para onde ela foi?

_____

c. O que ela esperava alcançar no país para onde migrou? As expectativas dela foram atendidas? Ela ficou satisfeita? Explique.

4 Em 2015, o Brasil recebeu cerca de 115 mil imigrantes. Pesquise em publicações digitais ou impressas:

a. Quais são os países de origem desses imigrantes?

_____
_____
_____
_____

b. Quais os principais motivos para essas migrações?

_____
_____
_____
_____

CAPÍTULO 12

Vida urbana e indústria

No final do século 19, ocorreram muitas mudanças no Brasil. A riqueza gerada pelo café foi responsável pelo crescimento das cidades, principalmente no Sudeste.

No início do século 20, muitas pessoas migraram paras as cidades em busca de empregos nas primeiras indústrias.

Nas décadas de 1950 e 1960, com o crescimento acelerado da atividade industrial e da construção civil, um novo fluxo de migrações ocorreu.

O Brasil do século 20 se tornou um país bastante diferente.

Observe a imagem.

Tarsila do Amaral. *Estrada de Ferro Central do Brasil*, 1924. Óleo sobre tela.

▷ Quais elementos retratados na pintura de Tarsila do Amaral são naturais? E quais foram feitos pelos seres humanos?

▷ Que elementos dessa imagem fazem referência ao crescimento das cidades no Brasil?

▷ Em sua opinião, há diferenças entre o trabalho nas indústrias e nas lavouras de café? Em caso afirmativo, quais são?

▷ No início do século 20, como eram as condições de trabalho no campo? E na cidade? Levante hipóteses sobre o assunto.

Industrialização e urbanização

Os cafeicultores brasileiros ganhavam muito dinheiro com a exportação de café. Estados Unidos e países europeus, como a Inglaterra, eram os principais consumidores desse produto.

> **Revolução industrial:** processo de mecanização da produção, baseado em novas técnicas, máquinas e divisão do trabalho nas fábricas. Começou na Inglaterra do século 18 e se expandiu para outros países da Europa e os Estados Unidos.

Como o café possui propriedades estimulantes, a bebida ajudava a manter os operários das fábricas desses países mais dispostos durante as exaustivas horas de trabalho. Nessa época, esses países passavam pelas **revoluções industriais**.

No Brasil, no início do século 20, parte dos lucros obtidos com o café foi investida no desenvolvimento urbano e na criação das primeiras indústrias.

Trabalhadores das Indústrias Reunidas Francisco Matarazzo, no município de São Paulo. Foto de cerca de 1910.

1 Observem a tabela a seguir e respondam às questões abaixo.

	Número de indústrias		Número de trabalhadores	
	SP	RJ	SP	RJ
1907	326	662	24 186	34 850
1920	4 145	1 542	83 998	56 517
1929	6 923	1 937	148 376	93 525

Fonte de pesquisa: Sérgio Silva. *Expansão cafeeira e origens da indústria no Brasil*. São Paulo: Alfa-Ômega, 1976. p. 79.

a. O que aconteceu com o número de indústrias entre 1907 e 1929 nos estados de São Paulo e do Rio de Janeiro?

_____

b. Nesse mesmo período, que relação podemos estabelecer entre o número de trabalhadores e o número de indústrias?

_____

As primeiras indústrias no Brasil

Algumas fábricas foram instaladas ainda na segunda metade do século 19. A maioria delas ficava no Rio de Janeiro, e havia algumas em Salvador.

No Rio de Janeiro, também foram criados bancos, que podiam conceder empréstimos a quem quisesse instalar uma fábrica. Muitos fazendeiros do vale do Paraíba investiram seus ganhos com o café em indústrias.

A riqueza gerada com a expansão do café para o Oeste Paulista, no início do século 20, promoveu a industrialização em São Paulo. Em 1920, a produção industrial paulista era maior que a do Rio de Janeiro.

Nesse período, fabricavam-se produtos com **matérias-primas** brasileiras, como café, algodão, couro, leite e açúcar.

Matéria-prima: substância principal utilizada para fabricar um produto.

Os produtos fabricados pelas primeiras indústrias brasileiras eram destinados ao consumo interno: alimentos, bebidas, sabão, tecidos de algodão, fumo, chapéus e calçados. Na foto, interior da Grande Fábrica de Massas Alimentícias Progresso, em Salvador, BA. Foto da década de 1880.

2 Qual fato contribuiu para o desenvolvimento das indústrias em cidades como São Paulo e Rio de Janeiro, principalmente no começo do século 20?

_____

_____

O crescimento das cidades

A industrialização colaborou para o crescimento das cidades, principalmente do Rio de Janeiro e de São Paulo. Muitos trabalhadores deixaram o campo e foram para as cidades em busca de emprego nas fábricas.

A paisagem urbana mudou. Ruas foram alargadas, construíram-se praças e grandes avenidas. Os portos foram modernizados e houve investimentos em transporte, iluminação e saneamento básico.

Apesar das reformas, a maioria dos habitantes das cidades não foi adequadamente atendida. As mudanças beneficiaram uma pequena parcela da população. Na cidade de São Paulo, por exemplo, os melhores bairros foram ocupados por famílias mais ricas, principalmente de cafeicultores. Eram bairros localizados nas partes mais altas, onde não havia risco de enchentes, e distantes da fumaça das chaminés das fábricas.

Militão Augusto de Azevedo. Foto da rua do Comércio, na cidade de São Paulo, em 1862.

Militão Augusto de Azevedo. Foto da rua do Comércio em 1887.

3 Observe as fotos acima e responda: Que mudanças ocorreram na rua do Comércio entre 1862 e 1887?

4 Hoje, como é a ocupação dos espaços urbanos no município onde você vive? A qualidade dos serviços públicos oferecidos em áreas centrais e em áreas distantes do centro é a mesma?

Uma vida nada fácil

Com salários extremamente baixos, os operários só conseguiam morar nas áreas menos valorizadas da cidade. Eram locais afastados do centro e poluídos devido à proximidade das fábricas.

Além disso, os bairros operários estavam sujeitos a enchentes e desmoronamentos, já que se localizavam próximos aos rios ou às encostas de morros. Boa parte das famílias operárias vivia em habitações coletivas, como cortiços. As casas eram **geminadas**, pouco iluminadas e mal arejadas, o que facilitava a propagação de doenças.

Geminado: refere-se à casa que compartilha parte da sua estrutura, como paredes e telhado, com outra casa.

Havia também as vilas operárias, integradas às fábricas. Com igreja, creche, escola e casas, as vilas eram um prolongamento das fábricas. Por isso, os trabalhadores que viviam nelas tinham uma rotina rígida e controlada pelos patrões.

Inauguração da vila operária Maria Zélia, no município de São Paulo. Foto de 1917.

5 Em sua opinião, as vilas operárias podem ser vistas como uma forma encontrada pelos industriais para controlar os trabalhadores? Por quê?

 Sociedade Amigos Vila Maria Zélia
Disponível em: <http://vilamariazelia.com.br/>. Acesso em: 20 mar. 2017.

Nesse *site*, criado pela associação de moradores da Vila Maria Zélia, há fotos, textos e outros materiais sobre a história dessa comunidade, que surgiu no início do século 20 e existe até hoje.

Movimentos operários: lutando por direitos

Para tentar melhorar suas condições de vida, os operários tiveram de unir forças. Assim, surgiram as **associações** para ajudar os trabalhadores e suas famílias no caso de doenças, acidentes de trabalho ou outros tipos de dificuldade que impedissem o operário de trabalhar e, consequentemente, de garantir seu sustento. Essas associações também promoviam festas e outras atividades de lazer para as famílias trabalhadoras.

Mais tarde, os operários passaram a organizar movimentos de protesto e **greves**. Seus objetivos eram melhores salários e a diminuição da jornada de trabalho. Eles também criaram jornais para denunciar abusos, convocar paralisações e discutir questões trabalhistas.

> **Greve:** forma de protesto dos trabalhadores. Eles param de trabalhar até que suas reivindicações sejam aceitas ou que seja feito um acordo.

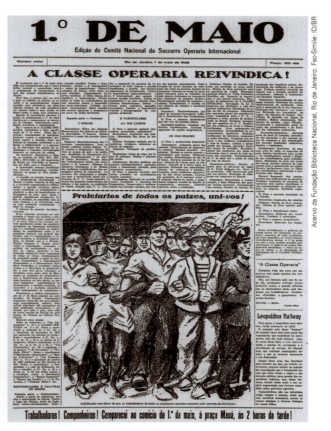

Capa do jornal carioca *A Classe Operária* de 1º de maio de 1926. No dia 1º de maio, comemora-se o Dia Mundial do Trabalhador, criado em homenagem aos operários que morreram ou ficaram feridos durante uma greve reprimida pela polícia em Chicago, nos Estados Unidos, em 1886.

6 Preencha o quadro com informações sobre o jornal reproduzido acima.

Nome do jornal	
Associação responsável pela publicação	
Grupo social a quem o jornal era destinado	
Personagens retratadas na imagem	

7 Atualmente, como são as condições de trabalho se comparadas às do início do século 20? Para descobrir, faça essa pergunta aos adultos de sua família e anote as respostas deles no caderno. Depois, compartilhe com os colegas as informações que você coletou.

cento e trinta e três **133**

A greve geral

No ano de 1917, os trabalhadores de diversas partes do mundo tiveram papel de destaque na política. No Brasil, isso não foi diferente. No município de São Paulo uma greve paralisou a cidade. O movimento foi organizado por operários que trabalhavam em diferentes ramos da indústria, do comércio e dos transportes. As principais reivindicações dos operários eram o aumento de salário, a redução da jornada de trabalho para 8 horas diárias, o fim do trabalho infantil e o fim do trabalho noturno para as mulheres e os menores de 18 anos.

Durante essa greve, o sapateiro espanhol José Martinez foi morto em um confronto com a polícia. Isso desencadeou uma série de protestos pela cidade. Pressionados, os patrões decidiram atender a algumas reivindicações dos trabalhadores. No entanto, muitos não cumpriram o acordo. Além disso, líderes do movimento foram perseguidos e presos. Alguns trabalhadores imigrantes chegaram a ser **deportados**.

Deportado: expulso de um país e enviado de volta ao país de origem.

Foto tirada durante o enterro do sapateiro José Martinez, morto na greve de 1917, em São Paulo.

8 A greve geral de 1917 foi brutalmente reprimida pela polícia. Nos dias de hoje, muitas manifestações, não só de trabalhadores, também são contidas com violência.

a. Você se lembra de alguma manifestação recente que foi reprimida pela polícia no município ou no estado onde vive? Qual? O que ela reivindicava?

b. O que você pensa sobre o uso da violência para conter protestos? O que poderia ser feito para evitar esse tipo de intervenção?

Transformações dos costumes

Até década de 1960, a maior parte da população vivia no campo.

Essa situação começou a mudar com a migração constante de várias comunidades do campo para os centros urbanos. Esse processo é chamado de **êxodo rural**. Atualmente, a maior parte dos brasileiros vive nas cidades.

Analise o gráfico a seguir. Ele mostra como a população brasileira se distribuiu entre o campo e a cidade, de 1940 a 2010.

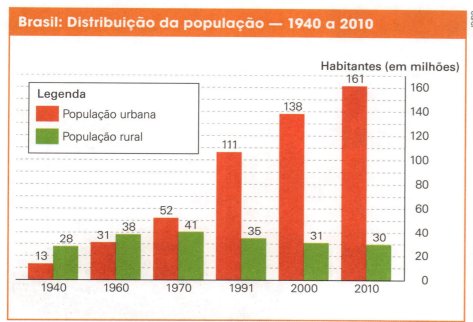

Fontes de pesquisa: *Tendências demográficas 2000*. Rio de Janeiro: IBGE, 2001; *Atlas do Censo Demográfico* 2010. Rio de Janeiro: IBGE, 2013.

1 Com base no gráfico, responda às questões a seguir.

a. Em que década a população urbana começou a ultrapassar a população rural? Marque com um **X**.

☐ Década de 1940.   ☐ Década de 1970.   ☐ Década de 2010.

b. Em sua opinião, o que pode ter causado essa mudança?

_____

_____

2 Com a orientação do professor, pesquisem informações, em publicações impressas ou digitais, sobre as migrações brasileiras atuais. Procurem descobrir se, ainda hoje, há muitas pessoas se mudando do campo para as cidades. Anotem os resultados dessa pesquisa no caderno. Em uma roda de conversa, compartilhem suas descobertas com os colegas.

As mudanças no cotidiano

Nas décadas de 1950 e 1960, a atividade industrial cresceu em ritmo acelerado. O governo investiu massivamente nas **indústrias de base**, na geração de energia, no refinamento de petróleo e na construção civil. Conforme a sociedade brasileira se industrializava, os costumes iam se transformando.

As indústrias automobilística e de eletrodomésticos foram as que mais se desenvolveram. Muitas famílias, a partir de então, passaram a ter geladeira, máquina de lavar roupa, ferro elétrico, liquidificador, entre outros bens. Mas isso só era possível para as classes médias da sociedade.

Linha de montagem de fábrica de automóveis em São Bernardo do Campo, SP, em 1960.

Para boa parte dos trabalhadores, o crescimento industrial e urbano não possibilitou uma mudança de vida. Muitos continuaram pobres e sem acesso ao que era produzido.

> **Indústria de base:** indústria que fabrica máquinas ou matérias-primas para as demais indústrias.

Anúncio do automóvel Aero Willys publicado na revista *O Cruzeiro* em 16 de dezembro de 1961.

3 Observe o anúncio acima e responda às questões abaixo.

  a. O que o anúncio pretendia vender?

  b. As propagandas podem influenciar os hábitos de consumo das pessoas? Por quê?

  c. Você já quis comprar coisas depois de ver um comercial na televisão ou outro tipo de anúncio? Eram coisas das quais você precisava?

Novos meios de comunicação

Povos antigos desenvolveram diversos tipos de escrita e, há muito tempo, essa tem sido uma das principais formas de comunicação entre pessoas que estão em lugares diferentes.

Por exemplo, na época em que os navegadores portugueses chegaram às terras que hoje formam o Brasil, eles utilizavam cartas para se comunicar com o governo de Portugal. As correspondências levavam meses para chegar ao destino, já que iam nas caravelas e atravessavam o oceano.

Com o passar do tempo, novos meios de comunicação foram criados. A imprensa, o telefone, o rádio e a televisão são exemplos disso. No Brasil, a imprensa surgiu em 1808; os primeiros telefones foram instalados em 1877; a primeira transmissão de rádio ocorreu em 1922, e os primeiros aparelhos de televisão chegaram em 1950. Esses novos meios de comunicação possibilitaram que as informações chegassem cada vez mais rápido a um maior número de pessoas.

Indígenas participam de curso de informática durante os Jogos Mundiais dos Povos Indígenas, em Palmas, TO. Foto de 2015.

É importante notar que, a partir do século 20, essas transformações se aceleraram, junto com o crescimento da produção industrial. Atualmente, além desses meios de comunicação, há a internet.

4 Pesquise em publicações impressas ou digitais as datas aproximadas em que os principais meios de comunicação, como os citados no texto, foram inventados. O primeiro marco deve ser a invenção da escrita. Anote essas informações no caderno e organize-as em uma linha do tempo.

5 Agora, você vai montar uma miniatura de um dos principais meios de comunicação do século 20. Para isso, recorte a peça da página 151 e siga as dicas de montagem. Anote, a seguir, o nome desse meio de comunicação.

▪ Faça uma pesquisa para descobrir qual foi a "era de ouro" desse meio de comunicação no Brasil. Anote suas descobertas no caderno.

6 Atualmente, é muito importante ter conhecimentos sobre o uso de computadores, programas de informática e de como se comunicar por meio da internet. Mas nem todos têm acesso a essas tecnologias. Que dificuldades uma pessoa pode enfrentar por não ter esses conhecimentos? Em sua opinião, como é possível acabar com esse problema?

Pessoas e lugares

Comunidade operária de Sumaré

Você sabia que, em 2003, no município de Sumaré, em São Paulo, uma indústria de embalagens falida e abandonada por seus antigos donos foi ocupada e recuperada pelos funcionários e eles se tornaram responsáveis por administrá-la?

Esses trabalhadores, que estavam com os salários atrasados e prestes a ficar desempregados, decidiram ocupar a fábrica e retomar a produção. O processo foi bem-sucedido e a produção foi mantida.

Fonte de pesquisa: IBGE Cidades@. Disponível em: <http://cidades.ibge.gov.br/xtras/perfil.php?lang=&codmun=355240&search=sao-paulo|sumare>. Acesso em: 27 jan. 2017.

Em um dos terrenos vazios da fábrica, os trabalhadores criaram a Vila Operária e Popular. Nela, moram cerca de 350 famílias. Em 2012, essa comunidade formalizou, no Senado Federal, o pedido para que os terrenos e prédios da fábrica sejam reconhecidos oficialmente como áreas destinadas para os projetos sociais.

A vila também abriga a Fábrica de Cultura e Esporte, que oferece cursos e oficinas para a população do entorno da fábrica. Desde 2010, ocorre um festival promovido pela Fábrica de Cultura e Esporte. Durante o festival, a comunidade participa de apresentações teatrais e musicais, rodas de conversa, exposições, entre outras atividades.

Operária durante o trabalho na fábrica que é administrada pelos funcionários, em Sumaré, SP. Foto de 2016.

Na 5ª edição do festival promovido pela Fábrica de Cultura e Esporte, na Vila Operária e Popular, houve diversas atividades culturais.
Acima, espetáculo *Fuleiro de Circo*, da Companhia Estudo de Cena.
Abaixo, espetáculo *Marruá*, do Grupo Teatral Parlendas. Fotos de 2014.

1. Por que os trabalhadores ocuparam a indústria localizada no município de Sumaré?

2. Que mudanças ocorreram na comunidade operária de Sumaré após essa iniciativa dos trabalhadores?

3. Você acha que essa iniciativa foi positiva para as famílias dos trabalhadores? Por quê?

4. Você considera importante a realização de festivais culturais? Por quê? Você já participou de algum? Imagine uma ação cultural que você gostaria de promover em um festival. Conte sua ideia para os colegas.

Aprender sempre

1 Observe a imagem, leia a legenda e responda às questões:

a. O que foi retratado na obra?

_____

b. Em sua opinião, que sentimentos as pessoas retratadas transmitem? Explique.

_____

_____

c. O artista que fez essa pintura era imigrante? De onde ele veio?

_____

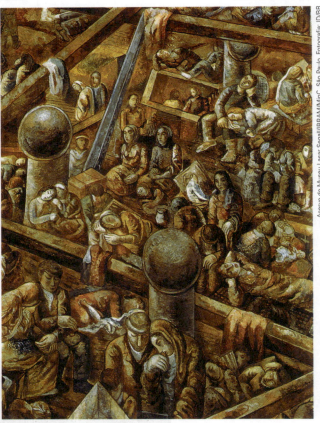

Lasar Segall. Detalhe da pintura *Navio de emigrantes*, 1939-1941. Óleo com areia sobre tela. O artista era um imigrante lituano que veio para o Brasil em 1924.

2 Observe as fotos e responda às questões.

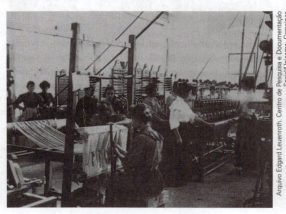

Operárias trabalhando em máquinas de fiar no município de São Paulo. Foto do início do século 20.

Operária de indústria de confecção de roupas. Amparo, SP. Foto de 2015.

a. Quem são as pessoas retratadas e como estão vestidas?

b. Nas duas fotos, as mulheres exercem a mesma atividade?

c. A partir dessas fotos, é possível dizer que sempre houve segurança no trabalho? Por quê?

3 Um desenhista representou a bisavó em uma cozinha brasileira na década de 1960. Porém, como ele não sabia quais eram os aparelhos que existiam naquela época, cometeu alguns erros. Identifique-os e contorne-os de **azul**.

4 No início do século 20, o trabalho infantil era permitido no Brasil. Hoje, ele é proibido de acordo com o Estatuto da Criança e do Adolescente (ECA), criado em 1990. Vamos conhecer um pouco mais o ECA?

- Junte-se a dois colegas. Com a orientação do professor, acessem a versão digital do livro *ECA em tirinhas para crianças*, publicado pela Câmara dos Deputados. Ele está disponível em: <http:www.conselhodacrianca.al.gov.br/sala-de-imprensa/publicacoes/ECA_ilustrado%20tirinhas.pdf> (acesso em: 26 jan. 2017).

- Anotem, no caderno, os direitos da criança e do adolescente abordados nesse livro. Escolham três deles e escrevam uma frase sobre cada um.

- Passem a limpo as frases que vocês criaram, em folhas de papel avulsas. Com a ajuda do professor, afixem as frases no mural da sala de aula. Depois, leiam as frases elaboradas pelos outros grupos.

Sugestões de leitura

Uma amizade (im)possível: as aventuras de Pedro e Aukê no Brasil colonial, de Lilia Moritz Schwarcz. Ilustrações de Spacca. Editora Companhia das Letrinhas.

Como teria sido o encontro de duas crianças, uma indígena e outra portuguesa, durante a colonização do Brasil? Para responder a essa pergunta, a autora narra nesse livro as aventuras de dois garotos, de mundos diferentes, que acabam se tornando amigos.

Medo e vitória nos mares: perigos reais e imaginários nas navegações, de Janaína Amado e Luiz Carlos Figueiredo. Editora Atual (Coleção Nas Ondas da História).

Aprofunde seus conhecimentos sobre o período das Grandes Navegações com a leitura desse livro. Os autores relatam como era o cotidiano nas embarcações e apresentam as ideias e os temores dos navegadores que viajavam meses em busca de riquezas e novas terras nos séculos 15 e 16.

A história de Chico Rei, de Béatrice Tanaka. Edições SM.

Conheça a história de Chico Rei, um africano que foi capturado e trazido para o Brasil como escravizado, para trabalhar na região das minas. Com o tempo, ele consegue comprar a sua liberdade e a de outros escravizados, tornando-se um herói do período da escravidão.

Todas as cores do negro, de Arlene Holanda. Conhecimento Editora.

Escrito e ilustrado por uma historiadora cearense, esse livro apresenta características do período de escravidão no Brasil e as influências africanas na formação da cultura do nosso país.

Zumbi, o menino que nasceu e morreu livre, de Janaína Amado. Ilustrações de Gilberto Tomé. Editora Formato.

Você já imaginou como teria sido a infância de Zumbi? Nesse livro, você vai saber mais sobre a vida desse menino livre na África, escravizado em uma nova terra e, finalmente, livre no quilombo liderado por ele.

Naná descobre o céu, de José Roberto Torero e Marcus Aurélio Pimenta. Editora Companhia das Letrinhas (Coleção História Literária para Crianças).

O livro conta a história de Naná, uma menina do povo Guarani que nasceu por volta de 1600, no sul do Brasil. Nessa época, Naná e seu povo acreditavam em diversos deuses ligados à natureza, mas, com a chegada de um padre jesuíta, muita coisa mudou.

Solta o sabiá, de Ruth Rocha. Ilustrações de Cárcamo. Editora Salamandra.

Nesse livro, você vai conhecer a história de Francisco, um menino português que se mudou para o Brasil no século 17. Ele acompanha a trajetória dos bandeirantes, desde a descoberta de novos caminhos pelo Brasil até a perseguição e o aprisionamento dos indígenas.

Mamma Mia! História de uma imigrante italiana, de Ricardo Dreguer. Ilustrações de Bruna Assis Brasil. Editora Moderna.

Conheça a história de uma imigrante italiana que se muda para o Brasil em busca de melhores condições de vida. No interior de São Paulo, ela vai trabalhar em uma fazenda de café, onde enfrentará muitos obstáculos.

Bibliografia

ANTONIL, André João. *Cultura e opulência do Brasil por suas drogas e minas*. São Paulo: Edusp, 2007.

BITTENCOURT, Circe (Org.). *O saber histórico em sala de aula*. São Paulo: Contexto, 1997.

_____. *Ensino de história*: fundamentos e métodos. 4. ed. São Paulo: Cortez, 2011 (Coleção Docência em Formação – Ensino Fundamental).

BLOCH, Marc. *Apologia da história ou o ofício de historiador*. Rio de Janeiro: Jorge Zahar, 2002.

BOULOS JR., Alfredo. *A capitania do ouro e sua gente*. São Paulo: FTD, 2000.

_____. *A viagem de Cabral*. São Paulo: FTD, 1999.

BRASIL. Ministério da Educação. Secretaria de Educação Básica. *Base nacional comum curricular*: educação é a base. Brasília: MEC, 2017. Disponível em: <http://basenacionalcomum.mec.gov.br/wp-content/uploads/2018/04/BNCC_19mar2018_versaofinal.pdf>. Acesso em: 12 abr. 2018.

_____. Ministério da Educação. Secretaria de Educação Fundamental. *Parâmetros curriculares nacionais*: história. Brasília: MEC/SEF, 1997.

BRÜGGER, Silvia Maria Jardim. *Minas patriarcal*: família e sociedade (São João del Rei – séculos XVIII e XIX). São Paulo: Annablume, 2007.

BURKE, Peter (Org.). *A escrita da história*: novas perspectivas. 2. ed. São Paulo: Ed. da Unesp, 2011.

CANDIDO, Antonio. *Recortes*. Rio de Janeiro: Ouro sobre Azul, 2004.

CAVALLEIRO, Eliane. *Do silêncio do lar ao silêncio escolar*: racismo, preconceito e discriminação na Educação Infantil. São Paulo: Contexto, 2000.

CERTEAU, Michel de. *A escrita da história*. 3. ed. Rio de Janeiro: Forense Universitária, 2011.

CHARTIER, Roger. *A história cultural*: entre práticas e representações. Lisboa: Difel, 2002.

COLL, César. *Psicologia e currículo*. São Paulo: Ática, 2000.

_____ et al. *O construtivismo na sala de aula*. São Paulo: Ática, 1996.

_____ et al. *Os conteúdos na reforma*. Porto Alegre: Artmed, 1998.

CUNHA, Manuela Carneiro da. *História dos índios no Brasil*: história, direitos e cidadania. São Paulo: Claro Enigma, 2013 (Coleção Agenda Brasileira).

D'ARMADA, Fina. *Mulheres navegantes no tempo de Vasco da Gama*. Lisboa: Ésquilo, 2006.

DECCA, Edgar S. de. *O nascimento das fábricas*. São Paulo: Brasiliense, 1995.

DECCA, Maria Auxiliadora G. de. *Indústria, trabalho e cotidiano*. São Paulo: Atual, 1991.

ERMAKOFF, George. *O negro na fotografia brasileira do século XIX*. Rio de Janeiro: George Ermakoff, 2004.

FAUSTO, Boris. *História do Brasil*. 14. ed. São Paulo: Edusp, 2015.

FERLINI, Vera Lúcia Amaral. *Açúcar e colonização*. São Paulo: Alameda, 2010.

FERNANDES, Florestan. *O negro no mundo dos brancos*. 2. ed. São Paulo: Global, 2007.

FERRO, Marc. *A história vigiada*. São Paulo: Martins Fontes, 1989.

FUNARI, Pedro Paulo; NOELLI, Francisco Silva. *Pré-história do Brasil*. São Paulo: Contexto, 2004.

_____; SILVA, Glaydson José da. *Teoria da história*. São Paulo: Brasiliense, 2008.

HECK, Egon; PREZIA, Benedito. *Povos indígenas*: terra é vida. 4. ed. São Paulo: Atual, 2002.

INSTITUTO BRASILEIRO DE GEOGRAFIA E ESTATÍSTICA (IBGE). *Atlas geográfico escolar*. 7. ed. Rio de Janeiro: IBGE, 2016.

JENKINS, Keith. *A história repensada*. São Paulo: Contexto, 2003.

JESUS, Carolina Maria de. *Diário de Bitita*. Rio de Janeiro: Nova Fronteira, 1986.

KARNAL, Leandro (Org.). *História na sala de aula*. São Paulo: Contexto, 2003.

KOSTER, Henry. Viagens ao Nordeste do Brasil. In: DORNAS FILHO, João. *Aspectos da economia colonial*. Belo Horizonte: Itatiaia, 1959.

LE GOFF, Jacques. *História e memória*. Lisboa: Edições 70, 2000. v. 1 e 2.

MAESTRI FILHO, Mário José. *Depoimentos de escravos brasileiros*. São Paulo: Ícone, 1988.

MARTINS, Ana Luíza; COHEN, Ilka Stern. *O Brasil pelo olhar de Thomas Davatz*. São Paulo: Atual, 2000.

MICELI, Paulo. *O ponto onde estamos*: viagens e viajantes na história da expansão e da conquista. 4. ed. São Paulo: Ed. da Unicamp, 2008.

MONTEIRO, John Manuel. *Negros da terra*: índios e bandeirantes nas origens de São Paulo. São Paulo: Companhia das Letras, 2009.

MORAES, Antonio Carlos Robert. *A fazenda de café*. São Paulo: Ática, 2003.

NOVAIS, Fernando (Org.). *História da vida privada no Brasil*. São Paulo: Companhia das Letras, 1997. v. 1, 2, 3 e 4.

PEREIRA, Amilcar Araújo; MONTEIRO, Ana Maria (Org.). *Ensino de história e culturas afro-brasileiras e indígenas*. Rio de Janeiro: Pallas, 2013.

PESSOA, Fernando. *Obra poética*. Rio de Janeiro: Nova Aguilar, 1981.

PIAGET, Jean. *A psicologia da inteligência*. Rio de Janeiro: Vozes, 2013.

PINSKY, Carla B. (Org.). *Fontes históricas*. São Paulo: Contexto, 2005.

PINSKY, Jaime (Org.). *O ensino de história e a criação do fato*. São Paulo: Contexto, 2008.

PRIORE, Mary del. *História das crianças no Brasil*. 7. ed. São Paulo: Contexto, 2015.

QUEVEDO, Júlio. *A escravidão no Brasil*: trabalho e resistência. São Paulo: FTD, 1998.

RIBEIRO, Darcy. *Os índios e a civilização*: a integração das populações indígenas no Brasil moderno. 7. ed. 6. reimp. São Paulo: Companhia das Letras, 2009.

RIOS, Ana Lugão. *Memórias do cativeiro*: família, trabalho e cidadania no pós-abolição. Rio de Janeiro: Civilização Brasileira, 2005.

SCHWARCZ, Lilia Moritz. *As barbas do imperador*: d. Pedro II, um monarca nos trópicos. São Paulo: Companhia das Letras, 1998.

_____; STARLING, Heloisa. *Brasil*: uma biografia. São Paulo: Companhia das Letras, 2015.

SCHWARCZ, Stuart B. *Segredos internos*: engenhos e escravos na sociedade colonial. São Paulo: Companhia das Letras, 2005.

SOUZA, Ana Lúcia Silva; CROSO, Camila (Org.). *Igualdade das relações étnico-raciais na escola*: possibilidades e desafios para a implementação da Lei 10.639/2003. São Paulo: Ação Educativa-Ceert; Petrópolis: Ceafro, 2007.

SOUZA, Laura de Mello e (Org.). *História da vida privada no Brasil*. São Paulo: Companhia das Letras, 2002. v. 1.

SOUZA, Marina de Mello e. *África e Brasil africano*. 3. ed. São Paulo: Ática, 2012.

SPÓSITO, Eliseu S. *A vida nas cidades*. São Paulo: Contexto, 2004.

VYGOTSKY, Lev Semenovich. *Pensamento e linguagem*. Trad. Jefferson Luiz Camargo. 4. ed. São Paulo: Martins Fontes, 2008 (Série Psicologia e Pedagogia).

ZABALA, Antoni. *A prática educativa*: como ensinar. Porto Alegre: Artmed, 2007 (Biblioteca Artmed Fundamentos da Educação).

Recortar

Página 15 › **Atividade 4**

- Parque Nacional da Serra da Capivara
- Sítio Arqueológico do Lajedo de Soledade
- Parque Arqueológico do Solstício
- Sítio Arqueológico Pedra Pintada
- Parque Nacional do Catimbau

Página 85 › **Atividade 4**

Página 95 › **Atividade 5**

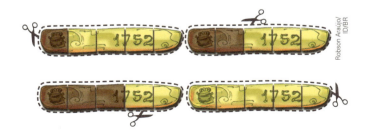

cento e quarenta e cinco 145

Recortar

Página 37 › **Atividade 3**

Recortar

Página 112 › **Atividade 3**

O CAFÉ NOS DIAS DE HOJE

Plantação do café	Colheita do café
Processamento e moagem do café	Uso do café

K. Narloch-Liberra/Shutterstock.com/ID/BR

Nome: _____

Turma: _____

Recortar

Página 137 › Atividade 5

Dicas de montagem:

1. Recorte a peça e faça dobras nas linhas de cor cinza.

2. Cole as abas com números iguais, unindo sempre uma bolinha azul com uma vermelha.

cento e cinquenta e um 151

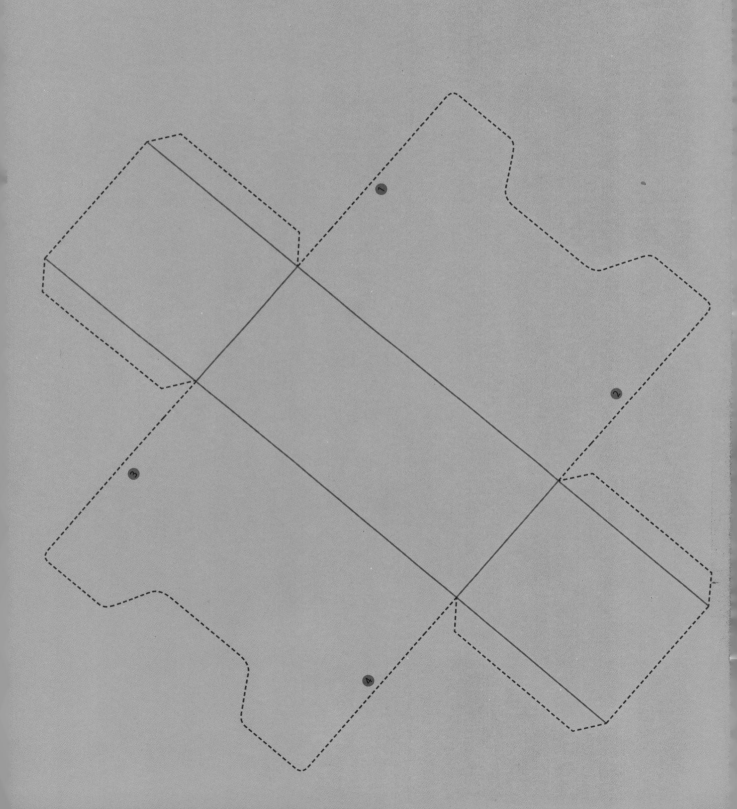